Natürlich leben

Rebecca Sullivan setzt sich wissenschaftlich mit ethischer Lebensmittelproduktion und Landwirtschaft auseinander. Sie ist Aktivistin, Autorin, Kuratorin und passionierte Köchin, Mitbegründerin der Wohlfühlmarke »Warndu« und leidenschaftliche Gärtnerin. Sie hält alte Traditionen am Leben und vermittelt das vergessene Wissen unserer Großmütter. @grannyskills (Instagram)

Rebecca Sullivan

Natürlich leben

DIE BESTEN DIY-REZEPTE FÜR DICH UND DEIN ZUHAUSE

Fotos von Nassima Rothacker

Aus dem Englischen von Barbara Holle

KNESEBECK

Für Muhi

Titel der Originalausgabe: *The Art of the Natural Home. A room by room guide*
Erschienen bei Kyle Books, ein Imprint von Kyle Cathie Ltd, London 2017

Text © 2017 Rebecca Sullivan
Design © 2017 Kyle Books
Fotografie © 2017 Nassima Rothacker
Illustrationen © 2017 Juliet Sulejmani

Deutsche Erstausgabe
Copyright © 2018 von dem Knesebeck GmbH & Co. Verlag KG, München
Ein Unternehmen der La Martinière Groupe

Umschlaggestaltung: Leonore Höfer, Knesebeck Verlag
Übersetzung: Barbara Holle, München
Lektorat, Satz und Herstellung: Robert Fischer, München

Printed in China

ISBN 978-3-95728-109-8

www.knesebeck-verlag.de

Wichtiger Hinweis:
Die in diesem Buch gegebenen Informationen und Empfehlungen zur Verwendung von
Pflanzen sind lediglich als allgemeine Anregungen gedacht. Bestimmte Einzelfälle oder
deren besondere Umstände wurden dabei nicht berücksichtigt. Viele in Lebensmitteln
oder Arzneimitteln enthaltene, zur äußerlichen oder innerlichen Anwendung bestimmte
pflanzliche Inhaltsstoffe können bei manchen Menschen allergische Reaktionen hervorrufen.
Weder die Autorin noch der Verlag können für Schäden haftbar gemacht werden, die aus
dem unsachgemäßen Gebrauch eines der hier vorgestellten Heilmittels resultieren. Bei
ernsthaften oder dauerhaften Erkrankungen wird dringend von einer Selbstdiagnose oder
Selbstmedikation abgeraten – stattdessen sollten Sie unbedingt einen Arzt konsultieren.
Von einer Selbstbehandlung sollte auch dann abgesehen werden, wenn Sie bereits
verschreibungspflichtige Medikamente einnehmen oder sich in ärztlicher Behandlung
befinden. Auch in diesem Fall ist zuvor eine professionelle Meinung einzuholen. Dies gilt
auch bei irgendeiner anhaltenden Symptomatik.

Inhalt

Zu diesem Buch 6

Haus & Heim

Haushaltsreinigung 12

Die Küche 32

Der Barwagen 94

Der Garten 106

Schön & gesund

Gesicht & Körper 124

Haare & Make-up 146

Für Ihn 160

Heilmittel 168

Bezugsquellen 187

Register 188

Zu diesem Buch

Wie wichtig Gesundheit und Wohlbefinden sind, ist uns heute mehr denn je bewusst – das Wort »natürlich« hat in diesem Zusammenhang einen besonders hohen Stellenwert. Dabei konzentrieren wir uns meistens darauf, was wir essen und trinken wollen (und sollen). Aber wenn es um mehr als das geht – um einen ganz natürlichen Lebensstil, um ein Optimum an Gesundheit und Wohlbefinden, dann müssen wir uns für einen ganzheitlichen Ansatz entscheiden.

Genau darum geht es auch in diesem Buch: um natürliche Rezepte und Produkte für das ganze Zuhause, vom Küchenschrank bis zum Putzschrank, vom Kulturbeutel bis zum Arzneimittelschränkchen – selbst an den Barwagen für die Drinks wird dabei gedacht. Und »natürlich« spielt dabei auch die Ernährung eine entscheidende Rolle.

Fast zehn Jahre lang bestand meine Arbeit unter anderem darin, den Menschen beizubringen, welche Nahrungsmittel wir unserem Körper zuführen sollten. Mit Blick auf die Nachhaltigkeit geht es mir dabei vor allem um eine Ernährungsethik, die unsere Umwelt berücksichtigt, sowie um soziale und ökonomische Gesichtspunkte. Der Versuch, ein bewusster Konsument zu werden (und zu bleiben), entpuppt sich mitunter als nicht ganz einfach. Ratlos blicken die meisten von uns auf die Nährwertangaben auf den Verpackungen – nicht selten sind diese verwirrend oder sogar irreführend. Da halte ich mich schon viel lieber an die heimischen, saisonalen Lebensmittel – da weiß ich zumindest, wo sie herkommen.

Moden oder Trends hinterherzulaufen, hilft einem da auch nicht weiter: Wichtiger als ein Markenname ist mir, dass ich die jeweiligen Landwirte kenne und weiß, wie sie ihre Tiere aufziehen oder ihr Land bestellen. Im Grunde ist es nämlich ganz einfach: Am besten ernährt man sich so, wie es unsere Großeltern getan haben.

Früher, in der guten alten Zeit, als es noch keine Fertigprodukte gab, ernährte man sich nicht nur von heimischen, saisonalen Produkten – man warf auch nie etwas weg. Beides tat man mit gutem Grund: Heimische, saisonale Produkte waren einfach preiswerter und jederzeit verfügbar; etwas wegzuwerfen war schon deshalb dumm, weil es unökonomisch war. Also bereiteten die Menschen (auch wenn sie keine von Natur aus begnadeten Köche waren) ihre Speisen in der Regel von A bis Z selbst zu und verwerteten dabei alles, was sie nur verwerten konnten. Leider ist so eine pragmatische Haltung heute nichts Selbstverständliches mehr. Dabei wäre es so einfach – und wichtig –, sich darauf zurückzubesinnen …

Bei mir war es meine Urgroßmutter Lil, die mich über eine Veränderung meines Lebensstils nachdenken ließ. Lil war eine preisgekrönte Bäckerin, aber kochen habe ich sie nie gesehen. Sie wurde hundert Jahre alt, und als sie starb, gab mir meine Mutter ein paar von ihren Sachen – darunter auch einige Medaillen, die sie für ihr Biskuitgebäck bekommen hatte. Ich war untröstlich, dass sie mir nicht das Backen beigebracht hatte. Und damit fing alles an. Ich machte es mir zur Aufgabe, ihr Talent, ihr Wissen und ihre Rezepte davor zu bewahren, vergessen zu werden. Und was mit dem Biskuitrezept begann, setzte sich schon bald jenseits der Küche fort und weitete sich schließlich auf das gesamte Haus aus.

Dabei wurde mir bewusst, dass es nicht nur darauf ankommt, was ich meinem Körper an Nahrung zuführe, sondern auch darauf, wie ich ihn als Ganzes behandle. Es geht ja schließlich immer um ein und denselben Körper.

Lil benutzte zum Beispiel ihr ganzes Leben lang immer nur eine Naturseife – mehr nicht. Ich dagegen hatte jahrelang Hautpflegeprodukte verwendet, ohne mich genauer damit zu beschäftigen, was wirklich in ihnen steckt. In einem nächsten Schritt entschloss ich mich, auch die Reinigungsmittel für meinen Haushalt selber zu machen. Denn wie passt das zusammen, beim Essen und Trinken auf natürliche Nahrungsmittel zu achten, beim Geschirrspülen, Waschen und Putzen aber regelrechte Chemiebomben zu verwenden?

Bei den Rezepten und Methoden, die ich Ihnen in diesem Buch vorstelle, habe ich mich aber nicht nur vom Wissen früherer Generationen inspirieren lassen. Einiges davon stammt auch aus der Zeit, als ich im Rahmen meiner Magisterarbeit zum Thema nachhaltige Landwirtschaft selbst Rezepte entwickelte. Auf anderes bin ich gestoßen, als ich mich vor nicht allzu langer Zeit in die Grundlagen der Pflanzenheilkunde einarbeitete. Dabei wurde mir klar, welchen Einfluss auch Kräuter, Blüten und andere Zutaten auf die Gesundheit und das Wohlbefinden haben können. Auf den Seiten 168 bis 186 finden Sie eine Zusammenstellung natürlicher Tinkturen und Tonika, die jahrhundertelang als Heil- bzw. Stärkungsmittel gang und gäbe waren.

Außerdem habe ich auch sehr darauf geachtet, dass man die Zutaten problemlos selbst zu Hause – im Garten oder in einem Blumenkasten auf dem Balkon – ziehen bzw. in der Natur finden kann. Im Zweifel sind aber auch alle problemlos in Geschäften oder über das Internet erhältlich. Es dürfte Ihnen also keine Schwierigkeiten bereiten, die Gerichte und Heilmittel zu Hause selbst herzustellen.

Bestimmt macht es Ihnen genauso viel Freude wie mir, auszuprobieren, wie vielseitig sich selbst die einfachsten Zutaten verwenden lassen. Zitronen eignen sich beispielsweise für einen Raumspray genauso wie als natürlicher Aufheller für die Haare – und für einen köstlichen Limoncino sowieso. Salz ist ein anderes gutes Beispiel – und viel mehr als nur ein Ge-

würz. Zum Beispiel eignet sich Salz hervorragend als Weichmacher für Stoffe, als Peeling für den Körper oder für ein belebendes Gesichtsspray. Essig verleiht nicht nur Salaten Würze – man kann damit auch Teppiche reinigen und ihn sogar als Medizin verwenden. Und als letztes Beispiel an dieser Stelle: Honig ist nicht nur ein vorzügliches Süßungsmittel, sondern auch gut dafür geeignet, das Gesicht zu reinigen sowie Husten und Heiserkeit zu bekämpfen.

Nehmen Sie sich ein Beispiel an Ihren Großeltern und schaffen Sie sich ein natürliches Zuhause.

Das sollte stets vorrätig sein

- Essig (weißer Essig und Apfelessig – nicht pasteurisiert und nicht gefiltert)
- Salz (grobes, nicht jodiertes Salz, Meersalzflocken, Epsom-Salz und Magnesiumflocken)
- Natron
- Castile-Seife (Naturprodukt; über das Internet und in Fachgeschäften erhältlich)
- Zitrusfrüchte, Zesten und Saft
- Schraubgläser und Sprühflaschen
- eine Auswahl verschiedener ätherischer Öle, z. B. Lavendel-, Pfefferminz- und Eukalyptusöl
- Mikrofasertücher oder gute Geschirrtücher
- eine gute Scheuerbürste
- Seihtücher und Gaze
- Kokosblütenzucker oder Rohzucker
- Nussöle (Mandel, Jojoba, Kokosnuss)
- Olivenöl
- Knoblauch (*viel* Knoblauch!)
- getrocknete Kräuter und Blüten wie Salbei, Indisches Basilikum, Rosenblüten, Vogelmiere, Hibiskus, Thymian, Calendula, Lavendel, Rosmarin
- Rohhonig oder Honig (aus regionaler Erzeugung)
- Küchengarn
- Küchenschere
- Mörser
- Naturfarben (für Seifen und Kerzen)
- Bienenwachs, Sojawachs oder Paraffin
- Kerzendochte
- verschiedene Glimmerpulver (Mica Powder)

Haus & Heim

ALS ICH NOCH JÜNGER WAR, konnte ich nicht verstehen, weshalb die Leute ihre Zeit so gerne zu Hause verbrachten. Ich liebte das Reisen, es zog mich überallhin, nur nicht nach Hause. Auf Reisen fühlte ich mich lebendig, es inspirierte mich. Heute reise ich aus beruflichen Gründen viel herum, und obwohl es mich immer noch inspiriert, kann ich es jetzt kaum erwarten, wieder zu Hause zu sein. Ich schlafe am liebsten im meinem eigenen Bett, koche am liebsten in meiner eigenen Küche und pflege mich gern in meinem eigenen Bad mit all den vielen Seifen und Bürsten, die nicht mit mir in meinem Koffer um die halbe Welt gereist sind (oder versehentlich in einem Hotelzimmer liegen blieben). Ich mag es, mich in meinem gemütlichen, sauberen Wohnzimmer aufzuhalten. Sauber, nicht steril, damit wir uns recht verstehen. Denn das ist ein großer Unterschied.

Meine Mutter hat einen Putzfimmel. Das Saubermachen macht ihr einfach Spaß. So lange ich zurückdenken kann, zogen meine Geschwister und ich sie wegen ihres Sauberkeitsfimmels auf. Putzen, das hieß in meiner Kindheit allerdings leider auch Bleichmittel, antibakterielle Reinigungsmittel und Sprays mit Treibgas. Heute ist das nicht mehr so. Denn inzwischen ist meine Mutter ein regelrechter »Öko-Freak«. Im Nachhinein betrachtet bin ich ihr dankbar dafür, in einem sauberen Haushalt aufgewachsen zu sein, und heute mache ich auch selbst gern sauber – von meinem Schlafzimmer einmal abgesehen, das ist nach wie vor eine Katastrophe, aber die Gemeinschaftsräume sind weitgehend schön sauber. Was ich allerdings ganz und gar nicht mag, das sind die chemischen Keulen in den Supermärkten. Mit Putz- und Reinigungsmitteln lässt sich viel Geld verdienen, und im Grunde geht mir das Herz auf, wenn ich sehe, dass sich darunter zumindest auch eine kleine Auswahl umweltschonender Produkte befindet. Müsste ich meine Putzmittel kaufen, wäre das meine Wahl. Ich ziehe es aber vor, auf jene Mittel zurückzugreifen, die verwendet wurden, als es all die chemischen Erzeugnisse noch gar nicht gab.

Mit Zitrone, Salz, Soda (siehe S. 21) und Essig lässt sich jeder Schmutz beseitigen, davon bin ich überzeugt. Deshalb habe ich in diesem Kapitel meine besten Rezepte für Haushaltsprodukte zusammengestellt, die Sauberkeit und frischen Duft in jedes Heim bringen – ganz ohne Chemie.

Haushalts-
reinigung

Raumsprays

Wenn es in Ihrer Wohnung nach frischen Blumen riechen soll, Sie aber keine haben, machen Sie sich einfach aus Ihren Lieblingsdüften ein Raumspray. Diese beiden Sprays hier sind bis zu ein Jahr lang haltbar, und Sie können sie so oft verwenden, wie Sie möchten.

FRISCHE LUFT MIT ROSMARIN, SALBEI UND LAVENDEL

Der belebende Duft dieses Raumsprays wird Sie in Großmutters Kräutergarten zurückversetzen. Rosmarin und Lavendel harmonieren hervorragend miteinander.

ERGIBT 500 ML

2 Zweige Rosmarin
1 Zweig Salbei
½ TL Lavendelblüten
1 Zitrone, in Scheiben geschnitten
500 ml Wasser

eine 500-ml-Sprühflasche

Die Zutaten mit dem Wasser in einen kleinen Topf geben und bei mittlerer Hitze zum Kochen bringen. Den Deckel auflegen und die Mischung 5 Minuten lang köcheln lassen. Anschließend abkühlen lassen, durch ein Sieb seihen und die Flüssigkeit in die Sprühflasche füllen. Nach Belieben noch 1 frischen Rosmarinzweig in die Flasche geben. Ist er zu lang, den Zweig einfach in zwei Hälften brechen.

FRISCHE LUFT MIT ZITRONENGRAS, LIMETTE UND INGWER

Mit diesem frischen belebenden Raumspray riecht es in Ihrem Haus im Nu wie frisch geputzt.

ERGIBT 500 ML

1 Limette, in Scheiben geschnitten
1 Stängel Zitronengras
1 Stück (5 cm) frischer Ingwer, mit dem Messer zerdrückt
500 ml Wasser

eine 500-ml-Sprühflasche

Die Zutaten mit dem Wasser in einen kleinen Topf geben und bei mittlerer Hitze zum Kochen bringen. Den Deckel auflegen und die Mischung 5 Minuten köcheln lassen. Abkühlen lassen, durch ein Sieb seihen und die Flüssigkeit in die Sprühflasche füllen. Nach Belieben noch 1 Stängel frisches Zitronengras in die Flasche geben.

Kerzen

Der Geruchssinn gehört zu unseren am stärksten ausgeprägten Sinnen. Er kann Erinnerungen wachrufen, den Appetit anregen und uns beruhigen. Alles, was Sie für diese Kerzen benötigen, können Sie – zu erschwinglichen Preisen – über das Internet bestellen. Vieles werden Sie ohnehin zu Hause haben. Und wenn Sie dann erst einmal den Bogen raus haben, werden Sie die Kerzen sicher auch gern verschenken.

ERGIBT ETWA
8 KLEINE KERZEN
2 kg Sojawachs oder Paraffin
Duftöle oder ätherische Öle
Glimmerpulver oder Farbpulver
    für Kerzen in verschiedenen
    Farben (nach Belieben; die benö-
    tigte Menge hängt von der
    gewünschten Farbintensität
    ab. Beginnen Sie deshalb erst
    einmal nur mit ½ TL)

ein Turmtopf (oder eine hitze-
    beständige Schüssel und ein Topf)
ein Thermometer
Förmchen (z.B. kleine Gläser,
    Dosen und Töpfe)
Sprühöl
Dochte
ein Föhn

Das Wachs oder Paraffin raspeln bzw. hacken (je feiner, desto schneller schmilzt es) und den Turmtopf vorbereiten. Wenn Sie keinen Turmtopf besitzen, bringen Sie ein wenig Wasser in einem großen Topf zum Kochen und setzen eine hitzebeständige Schüssel darauf. Das Wachs in den oberen Topf oder in die Schüssel geben und unter gelegentlichem Rühren schmelzen lassen. Dabei hin und wieder mit dem Thermometer die Temperatur prüfen. Sie darf 90 °C nicht übersteigen.

Sobald das Wachs geschmolzen ist, das Öl oder die Öle (für eine 250-g-Kerze rechnet man etwa 30 ml) und das Farbpulver mit möglichst raschen Bewegungen einrühren. (Sie können das Farbpulver auch, wie auf dem Foto oben links zu sehen, in einer Flüssigkeit – Wasser oder Öl – auflösen und mit einer Pipette verteilen, damit es sich besser mit dem flüssigen Paraffin verbindet.)

Anschließend den Topf vom Herd nehmen und das Ganze verrühren, bis sich die Farbe und das Öl gleichmäßig verteilt haben. Zur Seite stellen und rasch die Form vorbereiten.

Damit sich die Kerzen problemlos herausnehmen lassen, die Form mit etwas Öl aussprühen. Den Docht um einen Bleistift binden. Den Stift waagrecht über den Rand der Form legen, sodass der Docht in der Mitte der Form hängt. Das Wachs in die Form füllen und dabei einen 2 cm breiten Rand frei lassen. Sollte sich in der Mitte eine Vertiefung bilden, noch etwas Wachs hineingießen. Eventuelle Luftblasen oder Unebenheiten mit dem Föhn beseitigen.

Den Docht kürzen und die Kerze mindestens 24 Stunden durchhärten lassen, bevor Sie sie aus der Form nehmen und anzünden.

Für selbst gemachte Kerzen sind die unterschiedlichste Farben erhältlich und können über das Internet bezogen werden.

Duftmischung

Den Brauch, Blüten als Duftspender, Dekoration oder Geschenk zu trocknen, kannte man schon im alten Ägypten, wo man den Verstorbenen getrocknete Blumen als Grabbeigabe mitgab. Im Mittelalter verwendete man zerstoßene getrocknete Blüten als Heilmittel bei Husten, Erkältungen, Zahn- und Kopfschmerzen. Heute lässt sich eine solche Duftmischung, mit bunten Blüten und in einem modernen Gewand präsentiert, jederzeit aufpeppen. Ob in einem Korb oder in einer Schale, vielleicht auch als Duftsäckchen – getrocknete Blütenmischungen sind ein preiswertes und sehr persönliches Geschenk. Im Folgenden finden Sie ein paar einfache Tipps, wie Sie das Know-how unserer Großmütter dem heutigen Geschmack anpassen können.

Beim Pflücken der Blumen sollte man wählerisch sein, denn nicht alle Blüten sind zum Trocknen geeignet. So zauberhaft Hortensienblüten am Strauch auch aussehen, werden sie nicht direkt nach dem Pflücken nach einer speziellen Methode getrocknet, verlieren sie ihre satte Pastellfarbe und werden so braun wie die Erde, in der sie wachsen. Zarte Blüten in der Sonne zu trocknen, ist eher schwierig, deshalb empfiehlt sich dafür ein Dörrautomat (siehe den Kasten auf der rechten Seite).

Eine Duftmischung dient dazu, schlechte Gerüche durch angenehme Blütendüfte zu überdecken. Allerdings riecht nicht jede Blüte angenehm, wenn sie austrocknet. Aber je intensiver eine Blüte am Strauch duftet, desto besser ist auch ihr Geruch in getrocknetem Zustand. Tuberosen, die man an heißen Sommertagen pflückt, wenn die Blüten absolut trocken sind, sind ideal zum Trocknen. Wichtig ist nur, dass sie auch wirklich duften, wenn Sie sie pflücken – manche Zuchtrosen beispielsweise sind heute völlig geruchlos. Vielleicht können Sie ja auch den Nachbar fragen, wenn dessen Rosen besser riechen, ob er Ihnen davon etwas abgibt. Als Dankeschön schenken Sie ihm später ein paar der getrockneten Blüten …

Pflücken Sie die Blüten, wenn die Blütenblätter kurz davor sind, sich vom Fruchtboden (der Teil der Pflanze, an dem die Blütenblätter sitzen) zu lösen und abzufallen. Schütteln Sie die Blüte vor dem Pflücken vorsichtig, damit die Insekten, die sich darin verstecken, sich ein neues Zuhause

suchen können. Ich mag am liebsten die Blüten von Rosen, Löwenzahn, Veilchen, Lavendel, Kornblumen, Kapuzinerkresse, Gerbera, Löwenmaul, Mohnblumen und Salbei. Das Ganze runde ich dann immer noch mit ein paar besonders schönen und auch besonders farbenfrohen Blüten ab.

Nach dem Pflücken können Sie die Blüten entweder in einem Dörrautomat (siehe rechts) oder nach der altmodischen Methode trocknen: Dazu legt man einige Tabletts mit Küchenpapier aus und verteilt die Blüten in ausreichendem Abstand darauf, damit die Luft zirkulieren kann. Das Papier dient dazu, die Feuchtigkeit der Blütenblätter aufzusaugen. Lassen Sie die Blüten möglichst im Haus, an einem vor Zugluft geschützten Ort trocknen. Am besten eignet sich ein Ort vor dem Fenster. So bekommen die Blüten ausreichend Sonne, um zu trocknen, sind aber nicht dem direkten Sonnenlicht ausgesetzt. Bei direkter Sonnenbestrahlung trocknen sie zwar schneller, die Farben verblassen jedoch immer ein wenig.

Die Blüten 1–2 Tage ruhen lassen und gelegentlich prüfen, ob sie schon trocken sind. Denn je nachdem, wo Sie sie hinstellen, geht das Trocknen unter Umständen schneller.

Blüten mögen trockene Hitze, keine Feuchtigkeit. Sie sind trocken, wenn sie sich wie Seidenpapier anfühlen und etwas zerknittert aussehen. Die getrockneten Blüten dann sofort bis zum Gebrauch in einen mit Küchenpapier ausgelegten, luftdicht verschließbaren Behälter füllen.

Wenn Sie Blüten mit intensivem Duft verwenden, sollte die Duftmischung diesen Geruch etwa 6 Monate verströmen. Lässt der Duft nach, können Sie mit ätherischen Ölen »nachhelfen«. Beginnen Sie erst einmal nur mit ein paar Tropfen. Falls nötig, können Sie dann immer noch ein bisschen mehr Öl dazugeben.

Füllen Sie die Duftmischung in ein dekoratives Glas oder ein Leinensäckchen, und schon ist Ihre individuelle Duftmischung fertig. Ich fülle die Blüten gerne in kleine Keramikschalen oder eine Schüssel aus Metall und verteile sie in den Gästezimmern und im Bad.

MIT DEM DÖRRAUTOMAT

Den Dörrautomat auf etwa 35 bis 45 °C vorheizen. Die Temperatur hängt von der Dicke der Blütenblätter ab. Je dicker sie sind, desto höher muss die Temperatur sein. Für Rosenblüten sind beispielsweise etwa 30 °C ausreichend.

Bevor Sie die Blüten in den Dörrautomat geben, die Stängel vollständig entfernen und eventuelle Insekten abschütteln. Jede Stunde prüfen, ob die Blüten bereits trocken sind. Sie dürfen nicht mehr feucht sein, sonst sind sie nicht haltbar.

Möbelpolitur

Um Holz vor Alterung zu schützen und es ein wenig aufzufrischen, ist diese Möbelpolitur genau das Richtige. Am besten eignet sie sich für dunkles Holz. Probieren Sie zuerst an einer kleinen, nicht so gut sichtbaren Stelle aus, ob Sie mit dem Ergebnis zufrieden sind.

Die Zutaten einfach in eine Sprühflasche füllen und kräftig schütteln. Im Schrank unter der Spüle oder im Putzschrank kann die Politur bis zu ein Jahr lang aufbewahrt werden. Die Oberfläche leicht damit besprühen und mit einem weichen Lappen polieren.

ERGIBT 225 ML
3 EL Olivenöl
180 ml Essig (ich nehme weißen Essig für helles und Apfelessig für dunkles Holz)
30 Tropfen Orangen- bzw. Pinienöl (oder eine Mischung aus beidem)

1 Sprühflasche

Das Wundermittel Soda

Soda – auch: Waschsoda oder ganz genau Natriumkarbonat (Na_2CO_3) – wird seit Jahrhunderten als Reinigungsmittel verwendet, sogar im alten Ägypten war dies schon der Fall. Man kann es überall im Haushalt für nahezu alles verwenden, seien es nun leicht verschmutzte Oberflächen oder hartnäckige Flecken. Die Oberflächen einfach mit dem Pulver bestreuen und abwischen. Bei hartnäckigen Flecken verrührt man das Pulver am besten mit Wasser zu einer Paste. Und weil es so vielseitig verwendbar ist, werden Sie es in vielen meiner Reinigungsmittelrezepte finden.

Nicht mit dem Waschsoda zu verwechseln ist Natron – so der Trivialname für Natriumhydrogencarbonat ($NaHCO_3$), hierzulande wohl am bekanntesten unter den Markennamen Kaiser Natron und Bullrich-Salz. Natron kommt vorwiegend in der Küche zum Einsatz, ist zum Beispiel als Inhaltsstoff im Backpulver enthalten, kann aber ebenfalls für Haushaltsreiniger verwendet werden. In einigen meiner Reinigungsmittelrezepte verwende ich sowohl Soda als auch Natron.

Seife

Was könnte es Persönlicheres geben als eine selbst gemachte Seife? Bei jedem Duschen oder in der Badewanne zu wissen, dass in dem schäumenden Seifenstück all Ihre Lieblingsdüfte stecken? In der Regel benötigt man zur Seifenherstellung eine Lauge – für viele ein Grund, lieber die Finger davon zu lassen. Deshalb habe ich hier ganz auf Chemie verzichtet und stattdessen Gießseife, ein Naturprodukt, als Basis verwendet. Diese Gießseife und alles, was man sonst noch für die Seife benötigt, lässt sich problemlos über das Internet beziehen.

ERGIBT 2–4 STÜCK
(je nach Größe)

500 g Seifenbasis zum Gießen
einige Tropfen Ihres bevorzugten
   ätherischen Öls
natürliche Seifenfarbe
Ihre Lieblingskräuter (frisch oder
   getrocknet)
Ihre Lieblingsblüten (frisch oder
   getrocknet)

Förmchen (z. B. flache Dosen,
   kleine Gläser oder Silikon-
   schokoladenformen)
ein Turmtopf (bzw. eine hitzebeständige Schüssel und ein Topf)
ein Thermometer

Die Seifenbasis klein hacken oder raspeln, damit sie schneller schmilzt. Die Formen mit etwas ätherischem Öl benetzen, damit sich die Seife später leichter herauslösen lässt. Die Farben bereitlegen und die Kräuter-Blüten-Mischung vorbereiten.

Die Seifenbasis nach Gebrauchsanweisung im Turmtopf schmelzen lassen. Sobald sie geschmolzen ist, die Farbe unterrühren (beginnen Sie zunächst nur mit ein paar Tropfen oder Prisen und erhöhen Sie die Menge gegebenenfalls, bis die Seife die gewünschte Farbe hat). Die Mischung anschließend etwas abkühlen lassen. 6–10 Tropfen ätherisches Öl hinzufügen (wenn Sie verschiedene Öle verwenden, die Öle vorher mischen, um zu sehen, ob Ihnen der Duft gefällt) und gut umrühren.

Die Seife in die Förmchen gießen. Die Kräuter-Blüten-Mischung können Sie auf dem Boden der Förmchen verteilen oder Sie rühren sie unter die flüssige Seife bzw. bestreuen diese damit.

Die Seife 24 Stunden an einem kühlen Ort – aber nicht im Kühlschrank oder im Gefrierfach – fest werden lassen. Anschließend aus den Förmchen nehmen. Gelingt Ihnen das nicht, stellen Sie die Förmchen kurz in eine Schüssel mit kochend heißem Wasser oder Sie nehmen ein scharfes Messer zu Hilfe.

In einem Glas mit Schleife wird aus Ihrer Seife
ein ideales Geschenk.

Wäsche waschen

WASCHPULVER

Mein Partner Damien ist ein begeisterter Wäscher. Bei mir geht es dagegen eher nach dem Motto »Solange es keine Flecken hat oder unangenehm riecht, wird es nicht gewaschen«. Und weil Damien so gerne wäscht, habe ich mir dieses Rezept für ihn ausgedacht. Und für alle, die unter Hautausschlag leiden. Denn dieses Waschpulver hinterlässt garantiert keine Rückstände, die die Haut reizen könnten.

ERGIBT 650 G
1 Stück Seife (100–150 g; richtige Seife ohne Glyzerin, z.B. Dr. Bronner's Naturseife oder Castile-Seife)
250 g Natron
250 g Waschsoda
5 Tropfen Zitronen- oder Orangenöl

Die Seife fein hacken und mit den übrigen Zutaten in der Küchenmaschine zu einem feinen Pulver mahlen (bevor Sie den Deckel abnehmen, kurz warten, denn das feine Pulver kann stauben). Je nach Verschmutzung der Wäsche benötigt man 1–3 Esslöffel pro Waschmaschinenladung.

Hängt man Wäsche in der Sonne zum Trocknen auf, riecht sie danach nicht nur frisch: Die Sonne ist auch ein ideales Bleichmittel. Sie hellt alles auf, was man ihren Strahlen eine Zeitlang aussetzt.

WEICHSPÜLER

Damit fühlen sich Ihre Handtücher und Ihre Bettwäsche an wie frisch von der Großmutter gewaschen. Das Salz macht die Fasern weich, der Lavendel verleiht der Wäsche einen wunderbaren Duft. Sie können aber auch ein anderes ätherisches Öl verwenden.

ERGIBT 750 G
500 g Epsom-Salz
250 g Natron
30 Tropfen Lavendelöl

Die Zutaten vermischen und die Mischung in einen luftdicht verschließbaren Behälter füllen. Pro Waschmaschinenladung benötigen Sie 2 Esslöffel.

Teppichreiniger

Essig ist, ebenso wie Zitronensaft, eine natürliche Säure und eignet sich hervorragend, um Flecken aus Teppichen zu entfernen. Hier habe ich ihn mit Eukalyptusöl gemischt. Das riecht nicht nur wunderbar, sondern entfernt auch klebrige Rückstände und Wachsreste. Probieren Sie den Reiniger zunächst an einer kleinen, weniger sichtbaren Stelle des Teppichs aus, um sicherzugehen, dass Ihr Teppich keinen Schaden nimmt.

ERGIBT 750 ML

250 ml weißer Essig

500 ml Wasser

3 EL Meersalz

20 Tropfen Eukalyptusöl

eine 750-ml-Sprühflasche

Den Essig und das Wasser in die Sprühflasche füllen. Das Salz und das Öl hinzufügen und das Ganze kräftig schütteln. An einem kühlen, lichtgeschützten Ort ist der Reiniger bis zu 3 Monate haltbar. Die Flasche vor dem Gebrauch schütteln.

Den Teppich damit einsprühen, über Nacht einwirken lassen, am nächsten Tag saugen. Sie können Flecken direkt damit behandeln oder den Teppich einmal im Monat vollständig damit reinigen, damit er sauber und frisch erscheint bzw. riecht.

Mottensäckchen

Es gibt nichts Ärgerlicheres, als am Winteranfang seinen Lieblingspullover aus dem Schrank zu holen und feststellen zu müssen, dass Motten Löcher hineingefressen haben. Die handelsüblichen Mottenmittel enthalten oft Kampfer und Dichlorbenzol, meist riechen sie scheußlich. Unsere selbst gemachten Mottensäckchen verleihen Ihren Kleidern einen angenehmen Duft und vertreiben die Motten (die diesen Duft gar nicht mögen).

ERGIBT 2 SÄCKCHEN

eine der folgenden drei Kräutermischungen, getrocknet (Kräuter trocknen siehe Seite 34):

½ Handvoll Rosmarin und ½ Handvoll Pfefferoder Gartenminze oder

½ Handvoll Lavendel und ½ Handvoll Rosmarin oder

⅓ Handvoll getrocknete Zitrusschalen, zerkrümelte Zimtstange und Lavendel

eine alte Strumpfhose oder ein Paar alte Socken

Die Beine der Strumpfhose oder der Strümpfe abschneiden. Sie benötigen lediglich die Füße. Die Kräutermischung Ihrer Wahl in die Füße stopfen, die Säckchen zuknoten und ein Band darumbinden. Die Säckchen in die Schublade legen und ein paarmal kräftig daraufdrücken, damit die ätherischen Öle freigesetzt werden, die die Motten auf Abstand halten. Machen Sie das regelmäßig einmal im Monat und erneuern Sie die Säckchen alle 6 Monate. Wenn Sie die Beine der Strümpfe oder der Strumpfhose nicht wegwerfen wollen, machen Sie einfach an beiden Enden einen Knoten.

Backofen- und Herdreiniger

BACKOFENREINIGER

Es gibt nichts Unangenehmeres als den Geruch chemischer Backofensprays. Diese lösen einen regelrechten Hustenreiz aus, und auf den Etiketten wird vor dem direkten Kontakt mit der Haut gewarnt. Man kann sich also vorstellen, was darin enthalten ist. Gewiss, der Ofen ist im Handumdrehen und ohne großen Kraftaufwand wieder sauber, aber mit ein bisschen Muskelkraft und Geduld schafft man dies auch ohne Chemie.

FÜR 1 BACKOFENREINIGUNG
60 g Natron
etwas Wasser
120 ml weißer Essig oder Apfelessig

Das Natron mit etwas Wasser zu einer Paste anrühren und die Oberflächen des Backofens damit einreiben (dabei Gummihandschuhe anziehen). Je nachdem, wie groß Ihr Ofen ist, müssen Sie eventuell noch etwas mehr Paste anrühren.

Die Paste 12 Stunden lang einwirken lassen und danach mit Küchenpapier abwischen. Den Essig in eine Sprühflasche füllen und die gesamten Oberflächen damit einsprühen. Anschließend mit einem Tuch und etwas warmem Wasser die letzten Rückstände entfernen, den Ofen trocknen lassen.

HERDREINIGER

Reinigen Sie Ihren Herd am besten nach jedem Gebrauch mit diesem Spray. So kann sich erst gar kein Fett und Schmutz ablagern. Ich habe hier auf Mengenangaben verzichtet und lediglich das Verhältnis angegeben. So können Sie die Menge selbst bestimmen.

1 Teil Salz
1 Teil Natron
1 Teil Wasser

eine Sprühflasche

Zutaten in die Sprühflasche füllen und diese kräftig schütteln. Die Oberfläche damit einsprühen und mit einem sauberen, feuchten Tuch abreiben. Den Reiniger am besten immer erst bei Bedarf herstellen.

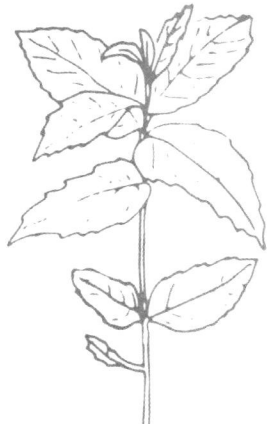

geschirrspülmittel

Im Handel ist inzwischen eine Vielzahl ausgezeichneter Öko-Spülmittel erhältlich. Trotzdem möchte ich immer genau wissen, was ich durch den Abfluss in die Kanalisation leite. Deshalb habe ich mein eigenes Spülmittel entwickelt, das genauso gute Ergebnisse erzielt. Tragen Sie beim Spülen Handschuhe und spülen Sie das Geschirr mit klarem Wasser nach.

ERGIBT 450 ML

1 EL Natron
1 EL flüssige Castile-Seife
450 ml kochendes Wasser
10 Tropfen Zitronenöl

Das Natron und die Seife in eine mittelgroße Schüssel geben. Das kochende Wasser darübergießen und das Ganze verrühren. Die Mischung vollständig abkühlen lassen (sie nimmt eine gelartige Konsistenz an) und in eine Flasche füllen (ich verwende immer eine Spritzflasche). Das Öl hinzufügen. Die Mischung gut durchschütteln und unter der Spüle aufbewahren. Die Dosierung ist davon abhängig, ob Sie gerne mit viel oder eher mit weniger Schaum spülen.

Zitrus-Allzweckreiniger

Ob Küche oder Bad – mit diesem Reiniger werden alle Oberflächen hygienisch rein und riechen herrlich. Das Rezept ist zwar nur für eine kleine Menge berechnet, Sie können die Menge aber jederzeit verdoppeln oder verdreifachen.

ERGIBT 100 ML

Schale von 1 Zitrusfrucht (bei Limetten
  von 2 Früchten)
50 ml weißer Essig
50 ml Wasser

ein kleines Schraubglas
eine Sprühflasche

Die Zitrusschale in das Schraubglas füllen und andrücken. Den Essig darübergießen, das Glas verschließen und die Mischung 2–4 Wochen ruhen lassen. Den Essig anschließend in die Sprühflasche seihen und mit dem Wasser aufgießen. Die Oberflächen damit besprühen und mit einem feuchten Tuch abwischen. Der Reiniger ist unbegrenzt haltbar.

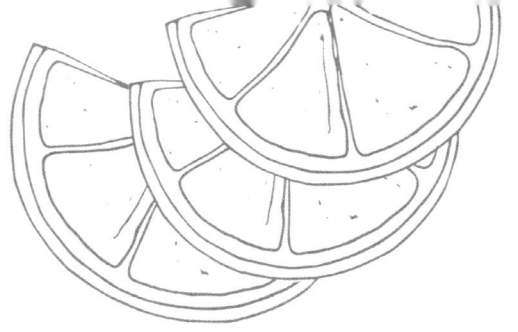

Das Badezimmer

SPRÜHREINIGER

Dieser Sprühreiniger ist nicht nur ideal für alle Badezimmeroberflächen, sondern auch für alle anderen harten Oberflächen im Haus. Die Herstellung ist ganz einfach und deutlich preiswerter als fertig gekaufte Produkte mit den oft endlos langen Listen an Inhaltsstoffen, von denen ich vielfach nicht weiß, was sich dahinter verbirgt. Bei diesem selbst gemachten Reiniger wissen Sie dagegen hundertprozentig, womit Sie Ihr Haus sauber machen. Füllen Sie den Reiniger unbedingt in eine Glasflasche.

ERGIBT 500 ML
1 TL Natron
½ TL Sodakristalle
1 TL flüssige Castile-Seife
20 Tropfen ätherisches Öl
500 ml warmes, gefiltertes Wasser

eine 500-ml-Sprühflasche aus Glas

Alle Zutaten in die gläserne Sprühflasche füllen und diese kräftig schütteln. Den Reiniger an einem kühlen, lichtgeschützten Ort aufbewahren und binnen 3 Monaten verbrauchen.

Die handelsüblichen Badreiniger sind nicht selten wahre Chemiebomben. Machen Sie sich Ihren Badreiniger also am besten selbst, dann wissen Sie ganz genau, was er enthält.

SCHEUERPULVER

Der Schaum, der sich hartnäckig in den Fugen der Badezimmerkacheln, in der Dusche, Wanne oder dem Waschbecken absetzt, lässt sich oft nur mit Mühe entfernen. Damit die Schrubberei nicht allzu mühsam wird, sollte man das Becken und die Kacheln nach der Benutzung mit einem Tuch trocken reiben. Damit Ihr Bad immer schön sauber ist, diesen Reiniger am besten einmal wöchentlich auf die feuchten Oberflächen streuen, einreiben und abspülen. Bevor Sie ihn das erste Mal verwenden, an einer etwas verdeckten Stelle prüfen, ob er für Ihr Badezimmer geeignet ist.

ERGIBT 500 G

250 g Natron
125 g nicht jodiertes Salz
125 g Sodakristalle
4–6 Tropfen Orangenöl

ein Schraubglas zum Aufbewahren (am praktischsten ist es, wenn Sie zwei Deckel verwenden und in einen Deckel Löcher zum Streuen stanzen)

Die Zutaten in einer Schüssel vermischen, in das Glas füllen und dieses kräftig schütteln. Zum Streuen einen Löffel verwenden. An einem trockenen, kühlen und lichtgeschützten Ort aufbewahren, binnen 3 Monaten verbrauchen.

Die verschmutzten Oberflächen einmal wöchentlich anfeuchten, großzügig mit der Mischung bestreuen und diese 10 Minuten einwirken lassen. Die Schaumreste mit einer Bürste (für die Fugen eignet sich am besten eine Zahnbürste) entfernen und mit klarem Wasser nachspülen.

TOILETTENREINIGER

Ich weiß nicht, wie es Ihnen geht, aber ich mag diese klebrigen Duftspender für die Toilette, wie man sie im Handel findet, einfach nicht. Die Chemikalien landen nach jedem Spülen in der Kanalisation – und über den Wasserhahn irgendwann auch womöglich wieder bei uns. Mit diesen Reinigungswürfeln wird Ihre Toilette ganz ohne Chemie sauber und von unangenehmen Gerüchen befreit.

ERGIBT 12–14 STÜCK

250 g Natron
80 g Zitronensäure
10 Tropfen Rosenöl
10 Tropfen Lavendelöl
5 Tropfen Zitronenöl

eine Sprühflasche
Gummihandschuhe
ein Mundschutz
ein alter Silikon-Eiswürfelbehälter
ein Schraubglas zum Aufbewahren

Tragen Sie bei der Herstellung Gummihandschuhe und einen Mundschutz, denn die Zitronensäure kann die Atemwege reizen. In einer Glasschüssel das Natron mit der Zitronensäure mischen. In die Sprühflasche etwas Wasser füllen. Nach und nach unter Rühren so viel Wasser dazugeben, bis eine Paste entstanden ist. Die Öle unterrühren und die Mischung in den Eiswürfelbehälter füllen. Über Nacht trocknen lassen. Am nächsten Tag die Würfel vorsichtig aus der Form lösen und in ein Schraubglas füllen. Bei Bedarf – jedoch nicht öfter als einmal pro Tag – 1 Würfel in die Toilette werfen und einwirken lassen.

Die Küche

WER MICH KENNT, der weiß, dass die Küche mein Lieb-
lingsort ist und es immer schon war. Das wird Ihnen vermutlich
nicht anders gehen.

In meiner Kindheit war die Küche der Mittelpunkt unseres Hauses.
Oft versammelte sich hier die ganze Familie, um meiner Großmutter
dabei zuzusehen, wie sie wahre Festessen zubereitete: Pauline war eine
sagenhaft gute Köchin, die nie etwas wegwarf – ein Musterbeispiel für
einen nachhaltigen Lebensstil; sparsam, clever und einfallsreich. Sie
war achtsam und großzügig und machte die schönsten Sachen aus
Dingen, die die meisten anderen weggeworfen hätten.

Wie in diesem Buch sicher deutlich wird, versuche auch ich mir diese
Haltung in allen Aspekten meines Lebens zu eigen zu machen. Dabei
konzentriere ich mich allerdings besonders auf das Kochen und die
Ernährung – allein mit Kochrezepten und Ideen für die Küche
könnte ich ganze Bücher füllen! Doch an dieser Stelle möchte ich
mich erst einmal auf ein Kapitel beschränken, in dem Sie eine Auswahl guter Tipps und leckerer Rezepte für eine chemiefreie Küche
finden, in der fast nichts weggeworfen wird.

Kräuter haltbar machen

Kräuter wie Minze, Petersilie, Basilikum und Schnittlauch verwendet man zwar am besten frisch, man kann sie aber auch in Eiswürfelbehältern einfrieren. Härtere Kräuter wie Salbei, Rosmarin und Oregano eignen sich dagegen hervorragend zum Trocknen.

EINZELNE BLÄTTER TROCKNEN

Die Blätter von den Stielen zupfen. Ein paar Tabletts mit Küchenpapier auslegen und die Blätter darauf verteilen. Dabei auf ausreichenden Abstand achten, damit die Luft zirkulieren kann. Das Küchenpapier dient dazu, die Feuchtigkeit aufzusaugen.

Nun die Blätter möglichst im Haus zum Trocknen an einen vor Zugluft geschützten Ort stellen. Am besten eignet sich ein Ort vor dem Fenster. So bekommen sie genug Sonnenlicht, ohne der direkten Sonnenbestrahlung ausgesetzt zu sein. In der direkten Sonne trocknen sie zwar schneller, bleichen aber auch etwas aus. Außerdem mögen sie trockene Hitze, keine Feuchtigkeit.

Die Blätter 1–2 Tage stehen lassen und ab und zu prüfen, ob sie bereits trocken sind. Dies ist der Fall, wenn sie sich wie Seidenpapier anfühlen und etwas zerknittert aussehen.

Die getrockneten Blätter nach Belieben mischen – ich kombiniere zum Beispiel sehr gerne Rosmarin mit Thymian und Oregano zu gleichen Teilen – und in Schraubgläsern oder luftdicht verschlossenen Behältern aufbewahren. So sind sie ewig haltbar und haben ein intensiveres Aroma als die frischen Kräuter.

KRÄUTER ALS BUND TROCKNEN

Kräuter mit holzigen Stielen sehen sehr dekorativ aus, wenn man sie bündelweise an einem Regal oder über dem Herd aufhängt. Binden Sie diese dazu einfach zu einem Bund zusammen und hängen Sie sie mit den Blättern nach unten an einem vor direktem Sonnenlicht geschützten Platz auf. Um den Prozess zu beschleunigen, kann man sie bei warmem, aber nicht feuchtem Wetter auch im Freien zum Trocknen aufhängen. Sobald sie trocken sind, sollte man sie nicht mehr draußen hängen lassen. Hängen Sie nun die getrockneten Bündel in der Küche auf und schneiden Sie sich je nach Bedarf etwas davon ab.

KRÄUTER MIT ÖL TIEFGEFRIEREN

Die Blätter von den Stielen zupfen und in Eiswürfelbehälter verteilen. Mit einem Öl Ihrer Wahl bedecken (3 Teile Öl auf 1 Teil Kräuter) und einfrieren. Bei Bedarf so viele Eiswürfel entnehmen, wie Sie benötigen. Die unaufgetauten Eiswürfel können direkt in eine mittelheiße Pfanne gegeben werden.

Getrocknete Kräuter eignen sich hervorragend für Kräutersäckchen. Probieren Sie einmal die folgenden Kombinationen: Lorbeerblatt, Petersilie, Thymian, Oregano und Majoran oder Salbei, Rosmarin, Knoblauch und Majoran.

Einfrieren statt wegwerfen

Eiswürfelbehälter sind ideal, um darin die Reste von Früchten, Kräutern und vielem anderen mehr einzufrieren.

Die Blätter von den übrig gebliebenen Kräutern abzupfen, auf Eiswürfelbehälter verteilen, mit Olivenöl bedecken und in das Gefrierfach stellen. Bei Bedarf einen Würfel entnehmen und anstelle von Kräuteröl verwenden.

Reste von Beeren – Heidelbeeren, Himbeeren oder Brombeeren beispielsweise – ebenfalls auf Eiswürfelbehälter verteilen, nach Belieben noch jeweils 1 Minzeblatt dazugeben und mit Wasser auffüllen: Schon haben Sie ausgesprochen dekorative Eiswürfel für einen Glaskrug mit Wasser oder ein Glas Saft. Früchte, die schon ein wenig überreif sind, können Sie in der Küchenmaschine pürieren und als Püree einfrieren. Die so entstandenen Eiswürfel eignen sich hervorragend zum Kühlen und Aromatisieren von Mineralwasser.

Auch Reste von Brühen lassen sich in Eiswürfelbehältern einfrieren, um damit Suppen und Eintöpfen oder auch dem morgendlichen Smoothie Würze zu verleihen.

Ebenso lässt sich überschüssige Butter mit gehackten Kräutern oder Knoblauch vermengen und in Eiswürfelbehältern zum späteren Gebrauch einfrieren.

Auch übrig gebliebenen Kaffee kann man in Eiswürfelbehältern einfrieren, um daraus an heißen Sommertagen einen schnellen Eiskaffee zu machen. Dazu geben Sie die Eiswürfel einfach in ein großes Glas mit eiskalter Milch.

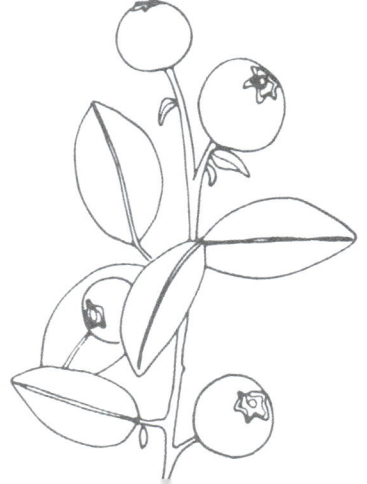

Aromatisierte Salze

Um die Reste von gemahlenen Gewürzen aufzubrauchen, können Sie diese einfach mit einem guten Salz, z.B. Fleur de Sel oder (mein persönlicher Favorit) Murray-River-Salz mischen. Ich nehme immer etwa 1 Teelöffel gemahlene Gewürze auf 125 g Salz. Das Ganze in einer kleinen Schüssel gut vermischen und in einen trockenen, luftdicht verschließbaren Behälter füllen. Das aromatisierte Salz ist ebenso lange haltbar wie jedes andere Salz. In ein dekoratives Schraubglas gefüllt, wird daraus sogar noch ein schönes Geschenk.

ANREGUNGEN FÜR SALZMISCHUNGEN

∽ Rosenblüten
∽ Lavendel
∽ Lorbeerblätter und getrocknete Zitronenschale
∽ Trüffelspäne
∽ gehackte getrocknete Chilischoten
∽ getrocknete Orangenschale und Fenchelsamen
∽ Sternanis und Gewürznelken

Nussmilch und Nussbutter

MANDELMILCH

Nussmilch ist derzeit sehr in Mode, und das Angebot ist dementsprechend so groß, dass man oft gar nicht mehr weiß, für welche Marke man sich entscheiden soll. Hinzu kommt, dass es sich nicht wirklich um Milch, sondern um einen Milchersatz handelt – oft bekommt man nur ein mit ein paar Nüssen angereichertes Wasser. Eine gute Nussmilch – hier: mit Mandeln – machen Sie sich am besten selbst.

ERGIBT 750 ML–1 L
260 g Mandeln
950 ml gefiltertes Wasser plus etwas zum
  Einweichen
Honig
1 Prise Salz

Die Mandeln in eine Schüssel füllen, etwa 5 cm hoch mit Wasser bedecken, mit einem Tuch abdecken und über Nacht an einem kühlen Ort einweichen lassen. Die Mandeln saugen das Wasser auf und quellen auf. Je länger man sie einweichen lässt, desto cremiger wird das Getränk. Soll die Mandelmilch also besonders cremig werden, kann man die Mandeln auch ein paar Tage im Kühlschrank einweichen lassen.

Anschließend das Wasser abgießen und die Mandeln abspülen. In einen Hochgeschwindigkeitsmixer füllen und mit dem gefilterten Wasser bedecken.

Um die Mandeln zu lockern, den Mixer zunächst ein paarmal kurz ein- und ausschalten. Die Mischung anschließend 2 Minuten auf höchster Stufe verrühren. Wenn Sie das Ganze in der Küchenmaschine machen, müssen Sie mit insgesamt 4 Minuten rechnen. Die Küchenmaschine nach der Hälfte der Zeit einmal ausschalten und die Wände der Schüssel säubern. Die

Mandelmilch sieht danach aus wie eine Mischung aus feinem Mehl und weißem, trübem Wasser.

Ein Haarsieb mit einem Siebtuch oder einem Stück Gaze auslegen, über einem Messbecher einhängen und die Milch durch das Sieb seihen. Das Mandelmehl gut andrücken, um die Flüssigkeit möglichst vollständig herauszupressen. Die Enden des Tuchs zusammenfassen und zusammendrehen. Das Mandelmehl kräftig ausdrücken, um auch noch die restliche Flüssigkeit herauszupressen. Das Mehl trocknen lassen und zum Backen aufheben (z.B. für die Gemüsecracker auf Seite 69). Die Mandelmilch mit dem Salz und Honig abschmecken, in eine sterilisierte Flasche füllen und in den Kühlschrank stellen. Sie ist bis zu 2 Tage lang haltbar.

MACADAMIAMILCH

Für dieses Rezept benötigen Sie einen Super-Hochgeschwindigkeitsmixer, z.B. einen Vitamix; denn die Milch gerinnt, wenn man sie zu lange rührt. Und die Flasche muss vor dem Servieren stets gut geschüttelt werden.

ERGIBT 1 L
800 ml gefiltertes Wasser
160 g Macadamianüsse
1 Prise Salz
1 EL Rohhonig (nach Belieben)

Die Zutaten maximal 30 Sekunden im Mixer pürieren. Die Macadamiamilch in eine sterilisierte Flasche füllen und in den Kühlschrank stellen. Sie ist 1–2 Tage haltbar.

ERDNUSSBUTTER

Als ich ein Kind war, gab es bei uns zu Hause nur Erdnussbutter, und noch heute diskutieren wir manchmal darüber, ob meine Mutter die grobe oder die feine kaufen soll. Dieses Rezept ist für all jene, die solchen Diskussionen aus dem Weg gehen wollen. Denn damit können Sie ganz allein bestimmen, wie die Erdnussbutter werden soll.

FÜR EIN 250-ML-GLAS

300 g geschälte Erdnusskerne
¼ TL Natursalz
1–2 TL Haselnussöl oder Olivenöl extra vergine
  (nach Belieben)

Den Backofen auf 170 °C (Umluft 150 °C) vorheizen und ein Backblech mit Backpapier auslegen. Die Erdnusskerne darauf verteilen, 1–2 Minuten goldbraun rösten und danach abkühlen lassen.

Die Erdnüsse anschließend etwa 1 Minute auf höchster Stufe in der Küchenmaschine pürieren. Die Wände der Schüssel mit einem Teigschaber säubern und die Nüsse weitere 2–3 Minuten lang pürieren, bis die gewünschte Konsistenz erreicht ist. Das Öl und das Salz hinzufügen, einige Sekunden lang unterrühren. Die Erdnussbutter in ein sterilisiertes Schraubglas oder einen luftdicht verschließbaren Behälter füllen und im Kühlschrank aufbewahren. Gekühlt ist sie bis zu 1 Monat lang haltbar.

MANDELBUTTER

In meiner Kindheit waren Erdnussbuttersandwichs unser übliches Pausenbrot für die Schule. Wegen der zunehmenden Allergien ist das heute oft nicht mehr möglich. Da ist diese Mandelbutter eine großartige Alternative. Sie ist ebenso schmackhaft wie Erdnussbutter und passt hervorragend zu Marmelade.

FÜR EIN 250-ML-GLAS

300 g enthäutete Mandeln
¼ TL Natursalz
1–2 TL Haselnussöl (nach Belieben)

Den Backofen auf 170 °C (Umluft 150 °C) vorheizen und ein Backblech mit Backpapier auslegen. Die Mandeln darauf verteilen, 1–2 Minuten lang goldbraun rösten und danach abkühlen lassen. Dann die Mandeln 4–5 Minuten auf höchster Stufe in der Küchenmaschine pürieren. Die Wände der Schüssel zwischendurch gegebenenfalls mit einem Teigschaber säubern. Das Öl und das Salz hinzufügen, einige Sekunden unterrühren. Die Butter in ein sterilisiertes Schraubglas oder einen luftdicht verschließbaren Behälter füllen und im Kühlschrank aufbewahren. Gekühlt ist sie bis zu 1 Monat lang haltbar.

Verfeinern Sie die Milch oder Butter ganz nach Belieben noch mit anderen Aromen wie Salzflocken, Honig, Sirup, Zimt und Gewürzen.

Butter selber machen

Ohne Butter geht bei mir gar nichts. Am liebsten mache ich sie mir selbst – mithilfe eines Glases und einer Murmel ist sie in gerade einmal fünf Minuten fertig – mit genügend Muskelkraft sogar noch etwas schneller. Dabei kann man auch den Salzgehalt selbst bestimmen und erhält als Nebenprodukt zum Backen verwendbare Buttermilch.

ERGIBT 250 G
250 g zimmerwarme Biosahne
1 Prise Salz

ein 1-l-Schraubglas und eine
 große Glasmurmel
eine Schüssel mit Eiswasser

Die Sahne mit dem Salz in das Schraubglas füllen. Die Murmel hineingeben, das Glas fest zuschrauben und etwa 3 Minuten lang kräftig schütteln, bis die Sahne zunächst weich geschlagen und dann steif aussieht. Zu Anfang hört man noch das Klappern der Murmel im Glas, doch je steifer die Sahne wird, desto weniger bewegt sich die Murmel. Schütteln Sie immer weiter, bis Sie die Murmel mit einem Mal wieder hören. Das ist der Moment, in dem sich die Buttermilch von der Butter trennt. Das Glas so lange weiter schütteln, bis sich die Buttermilch vollständig von der Butter getrennt hat. Dann die Buttermilch abgießen und das Glas noch einmal kurz schütteln. Die Butter herausnehmen und den Rest der Buttermilch von Hand herauspressen.

Legen Sie nun die Butter in die Schüssel mit Eiswasser und massieren Sie die restliche Buttermilch mit den Händen heraus. Die Buttermilch muss vollständig entfernt werden, sonst wird die Butter sauer. Anschließend die Butter mehrfach in das Wasser tauchen, um sie abzuwaschen. Mit etwas Salz bestreuen und in eine beliebige Form bringen. Die Butter in einem luftdicht verschließbaren Behälter oder in Frischhaltefolie verpackt im Kühlschrank aufbewahren.

Ihre Kinder werden begeistert sein, wenn sie beim Buttermachen helfen und dabei zusehen dürfen, wie sich die Sahne in Butter verwandelt.

Pesto mit Möhrenkraut

Neulich beobachtete ich auf dem Markt, wie eine Kundin nach der anderen das Möhrenkraut abriss und wegwarf. Dabei lässt sich daraus ein Pesto machen, und ich garantiere Ihnen, Sie werden das Kraut nie wieder wegwerfen. Wenn Sie gerade nicht so viel Möhrenkraut haben, wie im Rezept angegeben, macht das nichts – fügen Sie einfach weitere Kräuter hinzu und passen Sie die Ölmenge an, bis Ihr Pesto die gewünschte Konsistenz hat.

ERGIBT 100 G

3 EL Pinienkerne oder Mandeln
100–150 g Möhrenkraut, gewaschen, trocken geschleudert und grob gehackt
1 kleine Handvoll Kräuter (nach Belieben)
1–2 Knoblauchzehen, gehackt
Saft von 1 Zitrone oder Orange (wenn Sie mögen, können Sie auch noch etwas abgeriebene Schale hinzufügen)
3 EL geriebener Parmesan
Olivenöl
Salz und frisch gemahlener schwarzer Pfeffer

Die Nüsse ohne Zugabe von Fett unter ständigem Rühren in der Pfanne goldbraun rösten und darauf achten, dass sie nicht verbrennen. Das Möhrenkraut und die Kräuter in der Küchenmaschine zu einem glatten Püree verrühren. Den Knoblauch, den Zitronensaft und gegebenenfalls die Zitronenschale hinzufügen, einige Sekunden lang unterrühren. Den Parmesan sowie nach und nach so viel Öl dazugeben, bis das Pesto die gewünschte Konsistenz hat. Mit Salz und Pfeffer abschmecken, noch einmal einige Sekunden durchrühren. In einem luftdicht verschlossenen Behälter ist das Pesto im Kühlschrank bis zu 1 Woche haltbar. Ist es zu trocken geworden, etwas Öl unterrühren.

Tapenade

Meine Tante Sarah hatte noch nie eine Olive gegessen, bis sie 45 Jahre alt wurde. Erst als die ganze Familie kürzlich eine Reise nach Italien machte, aß sie ihre erste. Gespannt beobachteten wir ihr Gesicht in Erwartung einer negativen Reaktion. Hatte sie doch zuvor erklärt, sie würde Oliven hassen. Tatsächlich meinte sie dann aber, sie könne es gar nicht fassen, so lange auf diese salzige Köstlichkeit verzichtet zu haben. Deshalb habe ich ihr dieses Rezept gewidmet. Möge sie von nun an keinen Tag mehr Oliven missen müssen.

ERGIBT 500 G

500 g entsteinte, grüne oder schwarze Oliven (oder eine Mischung aus beiden)
4–6 Anchovis (in Öl, nicht in Salzlake eingelegt), abgetropft
1 Knoblauchzehe, gehackt
1 kleine Chilischote, gehackt
1–2 EL Kapern, abgetropft
3 EL Olivenöl extra vergine
abgeriebene Schale und Saft von ½ unbehandelten Zitrone
Salz und frisch gemahlener schwarzer Pfeffer

Die Oliven mit den Anchovis, dem Knoblauch, der Chilischote und den Kapern in der Küchenmaschine zu einem glatten Püree verrühren. Bei laufendem Motor das Öl langsam einlaufen lassen, bis eine Paste entstanden ist. Je nachdem, ob diese eher grob oder vollkommen glatt sein soll, die Maschine ausschalten oder noch so lange weiterlaufen lassen, bis die gewünschte Konsistenz erreicht ist. Die Paste in eine Schüssel füllen, die Zitronenschale und den -saft unterrühren, mit Salz und Pfeffer abschmecken. In einem luftdicht verschlossenen Behälter ist die Tapenade im Kühlschrank bis zu 1 Woche haltbar. Ist sie zu trocken geworden, etwas Öl unterrühren.

In der Saison sollten Sie besser frische Tomaten als Dosentomaten verwenden und gleich eine größere Menge Sauce zubereiten. Besonders sämig wird diese, wenn man die Kerne vor dem Kochen entfernt.

Süßlich-pikante Tomatensauce

Die Tomatensaison ist immer ein Fest für mich. Der Duft frisch gepflückter Tomaten lässt mir das Wasser im Mund zusammenlaufen. Für dieses schnelle, einfache Rezept habe ich zwar Dosentomaten verwendet, es ist aber auch ideal, um am Ende der Saison größere Mengen frischer Tomaten zu verarbeiten. Je länger Sie die Sauce köcheln lassen, desto dicker wird sie. Besonders gut eignet sie sich zum Bestreichen von Pizzaböden und als Grundlage für eine Pastasauce.

ERGIBT ETWA 500 ML

80 ml Olivenöl

4 Knoblauchzehen, fein gehackt

3 Dosen (à 400 g) Tomaten

3 Chilischoten, gehackt (nach Belieben)

1 Bund Basilikum

2 Zweige Oregano

1–2 EL brauner Rohrzucker

1 EL roher Apfelessig

1 Spritzer Worcester- oder Chili- sauce (nach Belieben)

Salz und frisch gemahlener schwarzer Pfeffer

Das Öl bei geringer Hitze in einer großen Pfanne erhitzen und den Knoblauch darin anschwitzen, bis er etwas Farbe annimmt. Die Tomaten, die Chilischoten, den Oregano und das Basilikum (mit Stielen) dazugeben, die Tomaten mit dem Kartoffelstampfer zerdrücken. Den Zucker und den Essig hinzufügen, mit Salz und Pfeffer abschmecken. Das Ganze zum Kochen bringen. Sobald die Mischung aufgekocht ist, den Topf von der Herdplatte nehmen. Ein feines Sieb über einer Schüssel einhängen und die Mischung durchpassieren. Basilikum und Oregano anschließend wegwerfen.

Die Sauce in den Topf zurückgießen und erneut zum Kochen bringen. Die Wärmezufuhr danach verringern und die Sauce 20–30 Minuten köcheln lassen, bis sie die gewünschte Konsistenz hat. Die fertige Sauce in ein sterilisiertes Schraubglas füllen. Im Kühlschrank ist sie bis zu 1 Woche haltbar, sie kann aber auch portionsweise eingefroren werden.

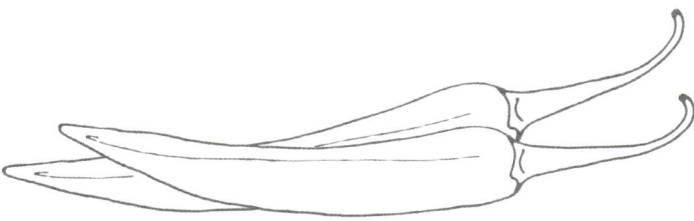

Frische Pasta

Mit frischen, selbst gemachten Nudeln können keine handelsüblichen getrockneten Nudeln mithalten. Dass sich viele nicht an die Zubereitung frischer Pasta heranwagen, liegt, glaube ich, vor allem daran, dass man meint, dies sei eine komplizierte, langwierige Angelegenheit. Dieses einfache Rezept, das noch von meiner Großmutter stammt, wird Sie vom Gegenteil überzeugen. Wenn ich auf die Schnelle frische Nudeln haben möchte, greife ich stets zu diesem Rezept. Den Teig können Sie nach Belieben auch noch mit gehackter Chilischote oder frischen, gehackten Kräutern verfeinern.

FÜR 2 PERSONEN
140 g Weizenmehl Typ 405
140 g Hartweizengrieß
2 große Freilandeier
1 Prise Salz

Das Mehl in einer Schüssel mit dem Grieß mischen. In der Mitte eine Vertiefung hineindrücken, die Eier hineinschlagen und das Salz hinzufügen. Das Ganze zu einem Teig verrühren und diesen einige Minuten auf der bemehlten Arbeitsfläche durchkneten. Fühlt er sich zu trocken an, ein paar Tropfen Wasser hinzufügen. Ist er zu feucht, noch etwas Mehl unterkneten.

Den Teig etwa 5 Minuten kneten, bis er vollkommen glatt ist. Mit einem Geschirrtuch abdecken und 30 Minuten ruhen lassen.

Den Teig anschließend ausrollen. Wenn Sie eine Nudelmaschine besitzen, den Teig nach Herstelleranweisung zu Tagliatelle verarbeiten. Anderenfalls den Teig zu Rechtecken ausrollen. Diese sollten so dünn sein, dass man fast durch sie hindurchsehen kann. Die Rechtecke mit einem scharfen Messer in 2 cm breite und 20 cm lange Streifen schneiden und einige Minuten in kochendem Salzwasser al dente kochen.

Vertrauen Sie ruhig auf Ihre Hände. Sie spüren schon, wenn sich der Teig richtig anfühlt. Und auch hier gilt: Übung macht den Meister.

Knochenbrühe

Eine Knochenbrühe steckt nicht nur voller wertvoller Nährstoffe, sie schmeckt auch vorzüglich und ist für mich die beste Alternative, um nicht zu viel Kaffee zu trinken. Jeden Tag eine Tasse davon ist für mich die beste Vorbeugung gegen Krankheiten, und Sie befriedigen damit gleichzeitig die Lust auf Salziges. Wenn man mal ein bisschen down ist, wirkt eine solche Brühe fast wie eine intensive, liebevolle Umarmung – das können Sie mir ruhig glauben. Legen Sie sich also am besten gleich einen kleinen Vorrat im Gefrierfach an. Die Brühe ist natürlich nicht nur zum Trinken geeignet, sondern auch eine hervorragende Basis für Suppen.

Die Knochen in einen Topf mit 5 Liter Fassungsvermögen legen. Mit 4 Litern gefiltertem Wasser bedecken, den Essig hinzufügen und das Ganze 30–60 Minuten ruhen lassen, denn die Säure trägt dazu bei, dass die Nährstoffe besser verfügbar sind. Das Gemüse grob hacken und mit den Pfefferkörnern in den Topf geben. Nach Belieben können Sie auch noch andere Gewürze Ihrer Wahl hinzufügen.

Die Brühe zum Kochen bringen. Sobald sie sprudelnd kocht, die Wärmezufuhr verringern und die Brühe bei geringstmöglicher Hitze köcheln lassen. Bei Rinder- und Schweineknochen beträgt die Kochzeit 48, bei Hühnerknochen 24 Stunden. Die Brühe in den ersten 30 Minuten bei Bedarf immer wieder abschäumen. In der letzten halben Stunde die Petersilie und den Knoblauch hinzufügen und die Brühe abschmecken.

Die fertige Brühe durch ein feines Sieb seihen, mit Salz abschmecken und in ein Schraubglas füllen. Im Kühlschrank ist sie bis zu 7 Tage lang haltbar; sie kann aber auch eingefroren werden.

ERGIBT 3–4 L

1,5 kg Bio-Hühner-, Rinder- oder Schweineknochen
2 Hühner- oder Schweinsfüße (wegen der Gelatine; nach Belieben)
8 EL roher Apfelessig
1 Zwiebel
2 Möhren
2 Stangen Sellerie
1 EL schwarze Pfefferkörner
1 Bund Petersilie
2 Knoblauchzehen
Salz und frisch gemahlener schwarzer Pfeffer

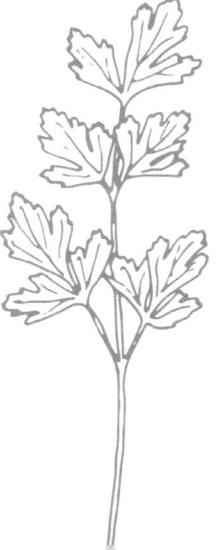

Eine Knochenbrühe eignet sich hervorragend als Basis für Suppen. Man kann damit aber auch Eintöpfe und Pastasaucen anreichern.

Wenn Sie nicht den ganzen Bacon am Stück verwenden wollen, schneiden Sie ihn in Würfel und frieren diese ein, um sie später als Speckwürfel für Suppen und Schmorgerichte verwenden zu können.

Bacon

Bacon kaufe ich ungern abgepackt im Supermarkt. Kann ich mir doch nicht sicher sein, dass das Schwein artgerecht gehalten wurde, und es ist mir nun einmal sehr wichtig, nur Fleisch von Tieren zu kaufen, die ein gutes Leben hatten und auf humane Weise geschlachtet wurden. In diesem Punkt bin ich zu keinem Kompromiss bereit. Kaufe ich das Fleisch jedoch bei einem Metzger oder Bauern meines Vertrauens und mache mir meinen Bacon selbst, kann ich jederzeit nachvollziehen, woher es kommt.

Die Gewürze im Mörser zerstoßen und in einer Schüssel mit den übrigen Zutaten – bis auf das Fleisch – mischen. Den Schweinebauch rundherum damit einreiben. In einen Gefrierbeutel mit Zip-Verschluss geben, die Luft entweichen lassen und den Beutel verschließen. So den Schweinebauch 7 Tage im Kühlschrank ruhen lassen und einmal pro Tag wenden. Das Fleisch wird in dieser Zeit Flüssigkeit abgeben. Den Schweinebauch anschließend aus dem Beutel nehmen, unter fließendem kaltem Wasser abwaschen und mit Küchenpapier trocken tupfen. Auf einen Rost legen, diesen auf ein Backblech setzen und das Ganze nochmals für 24 Stunden offen in den Kühlschrank stellen.

Den Backofen auf niedrigster Stufe vorheizen und das Fleisch 90 Minuten garen. Anschließend aus dem Ofen nehmen und abkühlen lassen. In einem luftdicht verschlossenen Behälter ist der Bacon im Kühlschrank 3 Wochen haltbar. Tiefgefroren kann er 6 Monate aufbewahrt werden.
.

ERGIBT 800 G–1 KG

1 EL schwarze Pfefferkörner
2 TL Wacholderbeeren
1 TL Chiliflocken
3 EL Natursalz
3 Knoblauchzehen
60 ml Honig
2 TL Rosmarin
1 TL Thymian
3 Lorbeerblätter
2 EL starker, kalter Kaffee
1 kg Schweinebauch

Schweinefleischpasteten

Förmlich auf der Zunge zergehen diese köstlichen Schweinefleisch-pasteten. Auf die gleiche Weise können Sie auch anderes Fleisch, Fisch, Ente und Hähnchen zubereiten. Wichtig ist nur, dass das Fleisch, der Fisch oder das Geflügel langsam gegart wird und so weich ist, dass es zerfällt.

FÜR 6 PERSONEN

Butter zum Einfetten

400 g Bio-Schweinefleisch ohne Knochen (gut geeignet sind Schweinenacken und -schulter)

Olivenöl

1 gehäufter EL Kapern (in Salz eingelegt)

2 EL fein gehacktes Fenchelkraut

je 1 Prise Salz und frisch gemahlener weißer Pfeffer

320 g Butter, geklärt und abgekühlt

Salz und frisch gemahlener schwarzer Pfeffer

6 hitzebeständige Förmchen

ZUM SERVIEREN

½ Salatgurke

Spritzer roher Apfelessig

Den Backofen auf 150 °C (Umluft 130 °C) vorheizen. Sechs hitze-beständige Förmchen mit Butter einfetten.

Das Fleisch mit etwas Olivenöl bepinseln und mit Salz würzen. Einige Stunden im Backofen garen, bis es sehr weich ist und zerfällt. Aus dem Ofen nehmen und mit zwei Gabeln in Stücke reißen. Die Kapern, das Fenchelkraut, den weißen Pfeffer und etwas Salz dazugeben. Alles mit einer Gabel zu einer groben Paste zerdrücken.

Die Paste auf die Förmchen verteilen, gut andrücken und die Oberfläche glatt streichen. Mit zwei Drittel der geklärten Butter bedecken. Die Förmchen in eine flache ofenfeste Form stellen und so viel kochendes Wasser einfüllen, dass die Förmchen zur Hälfte im Wasser stehen. Die Pasteten 10 Minuten im vorgeheizten Backofen garen, anschließend herausnehmen und abkühlen lassen.

Die Pasteten mit der restlichen geklärten Butter bedecken und mindestens 3 Stunden im Kühlschrank fest werden lassen.

Die Pasteten 20 Minuten vor dem Servieren aus dem Kühlschrank nehmen, damit sie sich auf Zimmertemperatur erwärmen können. In den Förmchen servieren oder auf eine Platte stürzen.

Unmittelbar vor dem Servieren die Gurke diagonal in Scheiben schneiden, mit etwas Apfelessig beträufeln, mit etwas Salz bestreuen und zu den Pasteten servieren.

BUTTER KLÄREN

Die Butter bei geringer Hitze in einer kleinen Stielkasserolle zerlassen. Dabei darauf achten, dass sie nicht braun wird oder gar verbrennt. Die Butter zerfällt in die festen Milchbestandteile und reines goldgelbes Butterfett. Die festen Milchbestandteile setzen sich am Topfboden ab, sodass Sie das Butterfett nur noch vorsichtig in einen Krug oder ein Gefäß abgießen müssen. Die festen Bestandteile anschließend wegwerfen.

gebeizter Fisch

Bei gebeiztem Fisch muss ich an Beata und Carolina denken, zwei liebe schwedische Freundinnen. Meinen persönlichen Geschmack trifft das ja, offen gestanden, nicht so ganz, aber wenn ich den Fisch so für andere zubereite, kommt er immer sehr gut an. Dieses Rezept erinnert mich an meine Freunde auf der anderen Seite der Welt und an die Unmengen an Graved Lachs, die sie in nur einer Woche verspeisen. Es eignet sich übrigens auch vorzüglich, um Fischreste zu verarbeiten.

FÜR 20 PERSONEN ALS VOR-
SPEISE ODER FÜR 40 PERSO-
NEN ALS HORSD'ŒUVRE

2 kg Fischfilet aus nachhaltigem
    Fang, z.B. Lachs, Seeteufel,
    Snapper, Kabeljau oder Makrele
    mit Haut
220 g Zucker
115 g Salz
1 EL frisch gemahlener Pfeffer
    (ich bevorzuge weißen oder rosa
    Pfeffer)

Den Fisch unter fließendem Wasser waschen und mit Küchenpapier trocken tupfen. Die Filets anschließend der Länge nach halbieren.

Den Zucker mit dem Salz mischen und die Filets auf beiden Seiten damit bedecken. Die Fleischseiten mit dem Pfeffer bestreuen. Die Stücke mit der Hautseite nach unten in eine ausreichend große Auflaufform schichten.

Die Form lose mit Frischhaltefolie abdecken. Den Fisch bei Zimmertemperatur marinieren lassen, bis die Zucker-Salz-Mischung in das Fleisch eingezogen ist (das dauert etwa 6 Stunden. Bei heißem Wetter kann dieser Schritt auch übersprungen werden).

Einen kleinen Topf oder einen Teller auf den Fisch setzen. Den Topf oder Teller mit ein paar ungeöffneten Konservendosen beschweren und so mindestens 48 Stunden und maximal 1 Woche im Kühlschrank ruhen lassen. Alle 12 Stunden wenden, damit der Fisch in der Flüssigkeit, die sich am Boden der Form gesammelt hat, gleichmäßig mariniert wird. Danach den Fisch immer wieder mit Frischhaltefolie abdecken und beschweren.

Anschließend den Fisch aus dem Kühlschrank nehmen, mit Küchentuch sehr gut trocken tupfen, mit einem scharfen Messer in hauchdünne Scheiben schneiden und dabei die Haut abziehen. Im Kühlschrank ist der Fisch bis zu 1 Woche haltbar, tiefgekühlt hält er sich bis zu 1 Monat.

grüne Currypaste

Als ich ein Kind war, war ein grünes Curry für meine Mutter noch der Inbegriff des Exotischen. Ich erinnere mich ganz genau daran, wie es zum ersten Mal bei uns auf den Tisch kam – damals aus dem Glas. Als ehrgeizige Köchin würde meine Mutter heute allerdings garantiert auf dieses Rezept zurückgreifen. Schließlich hat man, wenn man die Currypaste selbst macht, die Möglichkeit, das Rezept den eigenen Geschmacksvorlieben ein wenig anzupassen.

Die Zutaten – bis auf die Kokoscreme – im Mixer verrühren. Bei laufendem Motor die Kokoscreme esslöffelweise hinzufügen, bis eine glatte Paste entstanden ist.

Die Currypaste in einem luftdicht verschlossenen Behälter im Kühlschrank aufbewahren. Sie ist so einige Monate lang haltbar.

ERGIBT ETWA 80 ML
(ausreichend für 2 Currys, je nachdem, wie würzig das Curry sein soll)

2 Schalotten, gehackt
4 Stängel Zitronengras, fein gehackt
4 grüne Chilischoten, die Samen entfernt und gehackt
10 Knoblauchzehen
1 Stück (4 cm) frischer Ingwer, in Scheiben geschnitten
1 TL gemahlener Kreuzkümmel
1 TL gemahlener Koriander
1 kleine Handvoll Basilikum, gehackt
1 kleine Handvoll Koriandergrün, gehackt
1 EL Fischsauce
2 EL Sojasauce
abgeriebene Schale von 1 unbehandelten Limette
Saft von ½ Limette
4 EL Kokoscreme

Bereiten Sie am besten gleich eine größere Menge der Currypaste zu und frieren Sie einen Teil davon ein.

Rote Currypaste

Auf einer Reise nach Sri Lanka habe ich verschiedene Currys und deren Zubereitung kennengelernt. Es war faszinierend, in einem Land zu sein, in dem so viele herrliche Gewürze wachsen: Mit diesen in einem riesigen Mörser experimentieren zu können, war für mich ein Highlight meiner Reise. Bei dieser Currypaste handelt es sich zwar nicht um eine landestypische Spezialität, aber die Zubereitung folgt den traditionellen Regeln. Bei den Gewürzen haben Sie, je nach individuellem Geschmack und wie viel Schärfe Sie vertragen, freie Hand. Sie können auch gleich eine größere Menge herstellen und im Kühlschrank aufbewahren. Nehmen Sie dazu einfach die doppelten oder dreifachen Zutatenmengen.

Die Zutaten – bis auf die Kokoscreme – im Mixer verrühren. Bei laufendem Motor die Kokoscreme esslöffelweise hinzufügen, bis eine glatte Paste entstanden ist.

Die Currypaste in einem luftdicht verschlossenen Behälter im Kühlschrank aufbewahren.

Sie ist so einige Monate haltbar. Sie können aber auch gleich eine größere Menge herstellen und einfrieren.

ERGIBT 250 G
(ausreichend für 2 Currys, je nachdem, wie würzig das Curry sein soll)

2 Schalotten, gehackt

2 Stängel Zitronengras, fein gehackt

2 rote Chilischoten, die Samen entfernt und gehackt

8 Knoblauchzehen

1 Stück (4 cm) frischer Ingwer, in Scheiben geschnitten

4 EL Tomatenmark

2 TL gemahlener Kreuzkümmel

1 TL gemahlener Koriander

½ TL weißer Pfeffer

4 EL Fischsauce oder Sojasauce

2 TL Garnelenpaste

2 EL Zucker

3 EL Chilipulver (soll die Paste nicht so scharf sein, nehmen Sie einfach weniger)

5 EL Limettensaft

4–6 EL Kokoscreme

Öle und Essige aromatisieren

AROMATISIERTE ÖLE

Kräuteröle eignen sich nicht nur ausgezeichnet zum Kochen, sondern auch als Geschenk. Manche kann man sogar als Massageöl oder Badezusatz verwenden. Was für ein Öl Sie nehmen, bleibt ganz Ihnen überlassen. Am besten nimmt man das Öl, mit dem man am liebsten kocht (oder nach dem man selbst gern riechen möchte).

Ein großes Schraubglas oder eine Flasche sterilisieren, gut abtrocknen und, je nachdem, wofür Sie das Öl verwenden wollen, mit Kräutern und Chilischoten, Knoblauch oder essbaren Blüten füllen.

Langsam etwas Öl über die Kräuter gießen und diese mit einem Stab oder einem langen Löffel bewegen, um eventuelle Luftblasen zu entfernen. Dann das Glas oder die Flasche bis zum Rand mit Öl auffüllen, gut verschließen und ein paarmal schütteln.

Das Öl mindestens 4–6 Wochen an einem kühlen, lichtgeschützten Ort stehen lassen, damit die Kräuter ihr Aroma abgeben können. Die Flasche in dieser Zeit alle paar Tage schütteln. Das Öl anschließend durch ein mit Gaze ausgelegtes Haarsieb seihen und dabei die Kräuter gut ausdrücken.

Das Öl in Flaschen füllen und diese gut verschließen. Etikettieren und an einem kühlen, lichtgeschützten Ort aufbewahren. Das Öl ist so bis zu 2 Jahre haltbar.

AROMATISIERTER ESSIG

Aromatisierte Essige eignen sich nicht nur hervorragend zum Kochen, sondern auch als medizinische Tinkturen. Experimentieren Sie einfach einmal mit verschiedenen Kräutern und Essigsorten.

Ein großes Schraubglas oder eine Flasche sterilisieren, gut abtrocknen und, je nachdem, wofür Sie den Essig verwenden wollen, mit Kräutern und Chilischoten, Knoblauch oder essbaren Blüten füllen.

Den Essig bei geringer Hitze zum Köcheln bringen und langsam über die Kräuter gießen. Die Kräuter mit einem Stab oder etwas Ähnlichem bewegen, um eventuelle Luftblasen zu entfernen. Die Flasche oder das Glas dann bis zum Rand mit Essig auffüllen, gut verschließen und ein paarmal schütteln.

Den Essig mindestens 4–6 Wochen an einem kühlen, lichtgeschützten Ort stehen lassen, damit die Kräuter ihr Aroma abgeben können. Die Flasche in dieser Zeit alle paar Tage schütteln. Den Essig anschließend durch ein mit Gaze ausgelegtes Haarsieb seihen und dabei die Kräuter gut ausdrücken.

Den Essig in Flaschen füllen und diese gut verschließen. Etikettieren und an einem kühlen, lichtgeschützten Ort aufbewahren. Der Essig ist so bis zu 2 Jahre lang haltbar.

Aromatisierte Öle und Essige sind ein wunderbares Geschenk für jeden, der gerne kocht und isst. In dekorative Flaschen abgefüllt, tragen sie zur Verschönerung Ihrer Küche bei.

Wenn Sie bei diesen Crackern den Bogen erst einmal heraushaben, können Sie auch mit anderen Gewürzen, Nüssen und Samen experimentieren und sogar eine süße Variante dieser gesunden Cracker herstellen.

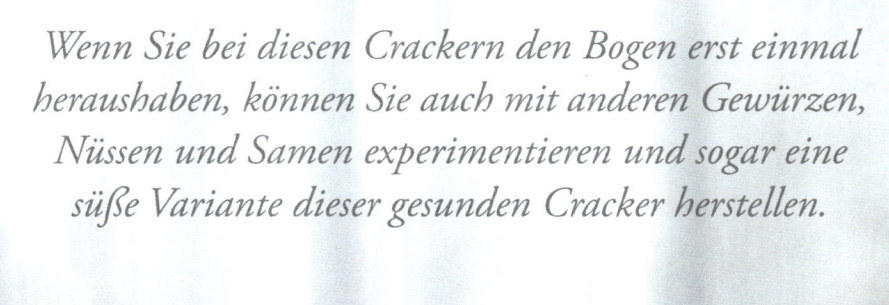

gemüsecracker

Die Anregung zu diesem Rezept kam von meiner außerordentlich talentierten Cousine Yasmin. Sie ist eine der tollsten Profiköchinnen, mit denen ich jemals gearbeitet habe, und vor allem wirft sie nie etwas weg. So sind auch diese Cracker entstanden. Wenn Sie keinen Entsafter besitzen, reiben Sie einfach etwas Gemüse oder verwenden Sie die Reststücke. Wichtig ist nur, dass das Gemüse nicht mehr zu viel Feuchtigkeit enthält. Zum Backen eignet sich am besten ein Dörrautomat. Das gleiche Ergebnis erzielt man aber auch im Backofen bei niedriger Temperatur.

ERGIBT 8–10 STÜCK

400 g gelbe Leinsamen

200 g Mandelmehl

125 g geschälte Kürbiskerne

125 g Gemüse oder Gemüsereste, gerieben

1 TL Meersalz

Den Backofen auf niedrigster Stufe vorheizen und ein Backblech mit Backpapier auslegen. Wenn Sie einen Dörrautomat benutzen, diesen auf 46°C einstellen.

Die Leinsamen in eine Schüssel füllen, mit gefiltertem Wasser bedecken und 1 Stunde einweichen lassen.

Anschließend die Leinsamen mit den übrigen Zutaten vermengen und die Mischung zu einer Kugel formen. Ist sie zu trocken, etwas Wasser hinzufügen. Ist sie zu klebrig, noch etwas Mandelmehl untermischen. Den Teig auf das vorbereitete Backblech legen und mit dem Nudelholz etwa 2 mm dick ausrollen.

Das Backblech in den Backofen schieben und den Teig über Nacht backen, bis er fest ist. Auf dem Blech auskühlen lassen und danach in Stücke brechen. Wenn die Stücke »ordentlich« und gerade sein sollen, den Teig vor dem Backen in Quadrate schneiden.

Wenn Sie den Dörrautomat benutzen, den Teig ebenfalls über Nacht backen, am nächsten Tag wenden und noch einmal 2 Stunden auf der anderen Seite backen (nur dann, wenn der Teig noch nicht fest ist).

In einem luftdicht verschlossenen Behälter sind die Cracker etwa 1 Woche lang haltbar. Sie schmecken aber am besten, wenn man sie möglichst frisch genießt.

Fermentieren

SAUERKRAUT

Alles, was ich über das Fermentieren weiß, hat mir mein Cousin
Sam beigebracht. Er ist Inhaber eines Betriebes, der fermentierte
Nahrungsmittel herstellt, und wir haben gemeinsam überall in Australien Fermentationsworkshops veranstaltet. Es war eine tolle Erfahrung, eine so alte Kunst vermitteln zu können, mit der man mü-
helos auch zu Hause Nahrungsmittel herstellen kann, die so gut für
unseren Körper sind. Verwenden Sie nach Möglichkeit ungespritzte
Bioprodukte aus heimischer Erzeugung.

ERGIBT 500 G

500 g Weiß- oder Rotkohl (ein
　Blatt zum Beschweren aufheben)
10 g nicht jodiertes Meersalz
　(ich verwende immer Murray-
　River-Salz)
100 g Wurzelgemüse und/oder
　grüner Apfel, geraspelt
1 TL Gewürze (traditionell nimmt
　man Wacholderbeeren; gut eig-
　nen sich auch Kümmel-, Dill-,
　Koriander- und Senfsamen)

ein sterilisiertes Schraubglas mit
　500 g Fassungsvermögen

Den Kohl in schmale, mittellange Streifen schneiden und diese in eine
große Schüssel füllen. Das Salz darüberstreuen und 3–4 Minuten mit
den Händen (die Sie vorher nicht desinfiziert haben sollten, denn das würde
die guten Bakterien abtöten) in den Kohl einmassieren. Den Kohl anschließend Wasser ziehen lassen und in der Zwischenzeit das Wurzelgemüse
sowie den Apfel in gleichmäßige Julienne-Streifen schneiden sowie die
Gewürze bereitstellen.

Nach 5–10 Minuten, wenn der Kohl Flüssigkeit abgegeben hat und
zusammengefallen ist, mit dem Massieren fortfahren, bis er weich ist
und sich in der Schüssel reichlich Lake abgesetzt hat. Nun das Wurzelgemüse, den Apfel und die Gewürze untermischen.

Das Sauerkraut in das sterilisierte Glas füllen und mit den Händen gut
andrücken. Das Glas sollte so voll sein, dass nur noch ein 2–3 cm breiter Rand frei ist. Das Glas zum Schluss vollständig mit der Lake auffüllen.

Ein kleines Stück des Kohlblattes zusammenfalten und auf das Kraut legen, damit es immer mit der Lake bedeckt ist. Den Rand des Glases mit
Küchenpapier sauber reiben und den Deckel aufschrauben. Das Sauerkraut mindestens 4 Tage und maximal 3 Wochen bei Zimmertemperatur
fermentieren lassen. Ich finde in diesem Fall 7–10 Tage ausreichend.

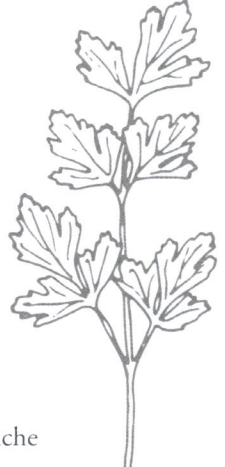

Beim Fermentationsprozess wird Gas (Kohlendioxid) freigesetzt. Deshalb ist es wichtig, das Glas kurz zu öffnen, damit das Gas entweichen kann: Den Deckel weder anheben noch abnehmen und das Glas dann sofort wieder verschließen, damit kein Sauerstoff an das Kraut kommt; es verdirbt sonst. Ich empfehle Ihnen, das Gas am dritten, fünften und siebten Tag entweichen zu lassen. Am Ende der Fermentierzeit das Kohlblatt entfernen und das Kraut probieren. Wenn Sie mit dem Geschmack zufrieden sind, das Glas wieder verschließen und in den Kühlschrank stellen. Das Sauerkraut binnen 2 Monaten verbrauchen.

WISSENSWERTES ZUM THEMA SAUERKRAUT

~ Die Sauerkrautherstellung ist eine uralte Methode zur Haltbarmachung von Kohl und anderen Gemüsen durch Fermentation. In Nordeuropa wurde Kraut traditionell in der kalten Jahreszeit, wenn kein anderes Gemüse zur Verfügung stand, gegessen, um den Körper mit lebenswichtigen Nährstoffen zu versorgen. Das Verfahren ist bis heute das Gleiche, nur dass man inzwischen mehr über die gesundheitlichen Vorzüge fermentierter Lebensmittel weiß.

~ Captain Cook soll es gelungen sein, den Skorbut zu besiegen, als er einige Fässer Sauerkraut mit an Bord seines Schiffs nahm. Kein einziges Mitglied seiner Mannschaft soll der Krankheit mehr zum Opfer gefallen sein. Zu verdanken ist dies dem hohen Vitamin-C-Gehalt des Sauerkrauts.

~ Vor mehr als 2000 Jahren reicherten die chinesischen Arbeiter, die die Chinesische Mauer errichteten, ihre Reismahlzeiten mit Kohl an, der in Wein haltbar gemacht war. Dschingis Khan brachte das Rezept später nach Europa, und so sollen die Europäer ihre Liebe zum Kraut entdeckt haben. Da sich aber die meisten den teuren Wein nicht leisten konnten, ersetzten sie ihn durch Salz und erfanden so ihre eigene Version des Sauerkrauts.

~ Nicht pasteurisiertes, »lebendes« Sauerkraut gilt als Superfood, denn es enthält neben viel Vitamin C, B und K auch Vitamin A, Folsäure und wichtige Mineralstoffe wie Calcium, Kalium, Eisen, Phosphor, Natrium und Magnesium. Darüber hinaus enthält »lebendes« Sauerkraut verschiedene Milchsäure-Bakterienstämme, die für eine gesunde Darmflora sorgen. Letzteres ist ein ganz wesentlicher Vorzug, weisen neuere Untersuchungen doch darauf hin, dass zu den negativen Begleiterscheinungen eines kranken Darms unter anderem Akne, Depressionen und Adipositas zählen. Eine ausgewogene Darmflora hingegen kann das Immunsystem stärken und Entzündungen des Verdauungstraktes vorbeugen. Sauerkraut ist also ein fantastisches Mittel, um gesund zu bleiben.

SAUERKRAUT MIT MÖHRE UND INGWER

Dies ist meine Lieblingskombination. Den Kohl wie auf Seite 70 beschrieben vorbereiten und das Salz einmassieren. Anschließend 1 Handvoll geraspelte Möhre, 1 Teelöffel geriebenen oder fein gehackten Ingwer und ½ Teelöffel geriebenen oder fein gehackten Knoblauch untermischen.

TIPPS: RICHTIG FERMENTIEREN

~ Verwenden Sie qualitativ hochwertige, frische Zutaten.

~ Zum Einsalzen des Gemüses ein qualitativ hochwertiges Salz nehmen (auf das Gesamtgemüsegewicht rechnet man 2–3 Prozent Salz).

~ Arbeiten Sie stets mit sauberen Händen und sauberen Utensilien.

~ Achten Sie darauf, dass kein Sauerstoff in die Gläser gelangt.

~ Das Gemüse mindestens 4 Tage, aber besser noch länger fermentieren lassen.

~ Kombinieren Sie den Kohl ruhig auch einmal mit anderen Zutaten (der Kohlanteil sollte allerdings etwa 70 Prozent ausmachen).

KIMCHI

Kimchi ist die scharfe koreanische Version des Sauerkrauts. Die besten Ergebnisse erzielt man auch hier mit ungespritzten Bioprodukten aus der heimischen Erzeugung.

ERGIBT 500 G

500 g Weiß- oder Rotkohl, in Streifen geschnitten (ein Blatt zum Beschweren aufheben)
12 g nicht jodiertes Meersalz
½ Handvoll geraspelte Möhre
½ Handvoll geraspelter Daikon-Rettich
1 rote Zwiebel oder 1 Frühlingszwiebel, fein gehackt
½ TL geriebener oder fein gehackter Knoblauch
½ TL geriebener oder fein gehackter Ingwer
½ TL geriebene oder fein gehackte rote Chilischote

ein sterilisiertes Schraubglas mit 500 g Fassungsvermögen

Den Kohl wie auf Seite 70 beschrieben vorbereiten, einsalzen und Wasser ziehen lassen. Die übrigen Zutaten in einer kleinen Schüssel verrühren, mit dem Kohl mischen und in ein sauberes Schraubglas füllen.

Ein gesunder Darm ist wichtig für das Wohlbefinden. Tun Sie ihm also mit Sauerkraut etwas Gutes. Es ist einfach herzustellen und preiswert. Alles, was man dafür braucht, sind ein guter Kohl, Salz, ein bisschen Muskelkraft und Geduld.

Chutneys

FEIGEN-PFIRSICH-CHUTNEY

Feigen und Pfirsiche vertragen sich wirklich gut: Sie bringen den Sommer ins Glas. Statt Pfirsichen kann man auch Pflaumen oder Nektarinen nehmen. Wenn Sie nur reife Feigen bekommen, nehmen Sie ruhig diese. Werfen Sie alles in den Topf und lassen es kochen, bis das Chutney die richtige Konsistenz hat.

ERGIBT 1–2 KG

500 g unreife Feigen
500 g Pfirsiche
500 ml roher Apfelessig
500 ml Malzessig
250 g brauner Rohrzucker
500 g Gemüsezwiebeln
125 g kandierter Ingwer
175 g Honig
2 EL Salz
1 EL Kardamomsamen, zerstoßen
1 TL frisch gemahlener weißer Pfeffer

4–8 sterilisierte Schraubgläser à 500 g

Die Feigen waschen, trocken tupfen. Die Spitzen abschneiden und die Früchte vierteln. Auch die Pfirsiche waschen, die Kerne entfernen und die Früchte ebenfalls vierteln. Dann die Früchte mit dem Essig und dem Zucker in einen großen Topf mit schwerem Boden geben und so lange rühren, bis sich der Zucker aufgelöst hat. Die übrigen Zutaten hinzufügen, alles zum Kochen bringen. 1–2 Stunden köcheln lassen, bis die Früchte zerfallen. Das Chutney in die sterilisierten Gläser füllen, verschließen und abkühlen lassen. Die Gläser mit Etiketten versehen und an einem kühlen, lichtgeschützten Ort aufbewahren. Das Chutney ist so bis zu 3 Jahre haltbar. Vor dem Verzehr mindestens 3 Monate ruhen lassen und angebrochene Gläser im Kühlschrank aufbewahren.

ROTE-BETE-CHUTNEY

Servieren Sie dieses Chutney beispielsweise zu einer Käseplatte. Sehr gut schmeckt es aber auch in einem Sandwich. Bei den Gewürzen haben Sie völlig freie Hand. Sollte Ihnen das eine oder andere nicht zusagen, lassen Sie es einfach weg.

ERGIBT 1–1,5 KG

750 g Rote Bete
Olivenöl
3 TL Fenchelsamen
3 TL gelbe Senfkörner
1 Gemüsezwiebel, fein gehackt
abgeriebene Schale und Saft von 1 unbehandelten
    Orange
500 ml Balsamico-Essig (oder rohen Apfelessig,
    wenn Sie den Geschmack weniger intensiv mögen)
500 g brauner Rohrzucker
2 Gewürznelken
1 Streifen (5 cm) Orangenschale
Salz und frisch gemahlener schwarzer Pfeffer

2–3 sterilisierte Schraubgläser à 500 g

Rote Bete schälen und klein schneiden. Sehr wenig Olivenöl in einer Pfanne erhitzen, Fenchel- und Senfsamen etwa 30 Sekunden darin rösten, bis sie ihr Aroma entfalten. Mit den übrigen Zutaten und 250 ml Wasser bei mittlerer Hitze in einem großen Topf mit schwerem Boden zum Kochen bringen. Das Ganze 30 Minuten lang kochen lassen, bis die Roten Bete weich sind und die Flüssigkeit eingekocht und eingedickt ist. Das Chutney in die sterilisierten Gläser füllen, die Gläser verschließen und das Chutney abkühlen lassen. Die Gläser mit Etiketten versehen und an einem trockenen, kühlen Ort aufbewahren. Das Chutney ist bis zu 1 Jahr haltbar. Angebrochene Gläser im Kühlschrank aufbewahren.

BIRNEN-PFLAUMEN-CHUTNEY MIT EINGELEGTER ZITRONE

Was immer Sie davon überreich im Garten haben – Sie können jede Sorte Birnen, Pflaumen und Zitronen für dieses Chutney verwenden. Was dieses zum idealen »Nachbarschafts-Chutney« macht. Fragen Sie einfach Ihren Nachbarn, was Sie miteinander tauschen könnten – erst die Früchte und später das fertige Chutney.

ERGIBT 1,5–2 KG

250 g rote Zwiebeln, gehackt

200 ml Rotweinessig

150 ml roher Apfelessig

250 g Kristallzucker oder brauner Rohrzucker (damit bekommt das Chutney einen intensiveren Geschmack)

1 kg Pflaumen

500 g Birnen

80 g eingelegte Zitronen (siehe Seite 82): nur die in feine Streifen geschnittene Schale

1 TL rosa oder weiße Pfefferkörner, fein gemahlen

1 TL gemahlener Zimt

½ TL gemahlene Muskatnuss

½ TL Lebkuchengewürz

1 TL Salz

4 sterilisierte Schraubgläser à 500 g

Die Zwiebeln mit dem Essig und dem Zucker in einem großen, breiten Topf zum Kochen bringen. Danach die Wärmezufuhr verringern und die Zwiebeln etwa 10 Minuten köcheln lassen, bis sie weich sind und glänzen. Dabei gelegentlich umrühren.

Die Pflaumen waschen, entsteinen und in Würfel schneiden. Die Birnen waschen, die Kerngehäuse entfernen und das Fruchtfleisch klein schneiden.

Die Früchte mit den eingelegten Zitronen, den Gewürzen und dem Salz zu den Zwiebeln geben. Das Ganze aufkochen und danach 1 Stunde zugedeckt bei geringer Hitze köcheln lassen, bis die Mischung um ein Drittel eingekocht und eingedickt ist. Dabei gelegentlich umrühren, damit nichts anhängt oder anbrennt.

Das Chutney in die sterilisierten Gläser füllen, die Gläser verschließen und das Chutney abkühlen lassen. Die Gläser mit Etiketten versehen und an einem trockenen, kühlen Ort aufbewahren. Das Chutney ist bis zu 1 Jahr haltbar. Angebrochene Gläser im Kühlschrank aufbewahren.

Bei den Gewürzen können Sie gern experimentieren: Probieren Sie einfach aus, was gut schmecken könnte.

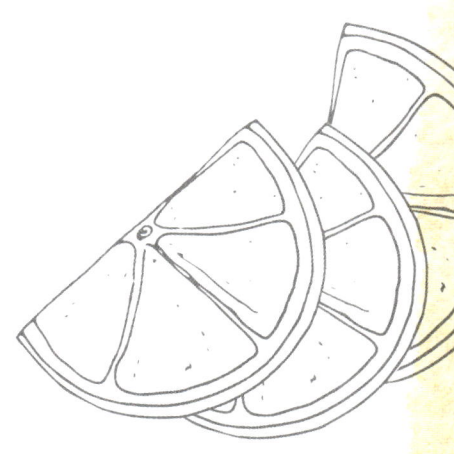

APFEL-BIRNEN-TOMATEN-CHUTNEY

Dieses Chutney ist kinderleicht zuzubereiten. Wenn Ihnen die Menge zu groß ist, verringern Sie die Zutatenmengen einfach. Natürlich können Sie auch gleich eine noch größere Menge herstellen. So haben Sie immer ein Glas zur Hand, wenn überraschend Gäste kommen oder Sie auf die Schnelle ein Geschenk brauchen. Je nach Angebot der Saison lässt sich das Rezept auch jederzeit abwandeln.

ERGIBT 3–4 KG

1 kg Gemüsezwiebeln
1 kg rote Zwiebeln
1 kg Äpfel, die Kerngehäuse entfernt
1 kg Birnen, die Kerngehäuse entfernt
4,5 kg Tomaten (nach Möglichkeit Eier- oder Strauchtomaten)
750 g Rosinen oder Sultaninen
125 g feines Salz
770 g Zucker
250 g brauner Rohrzucker
750 ml roher Apfelessig
6 Knoblauchzehen, zerdrückt
80 g frischer Ingwer, zerdrückt
2 TL Fenchelsamen
2 TL gemahlener Zimt
1 gehäufte Msp. Chiliflocken
8 Kardamomkapseln, zerstoßen
abgeriebene Schale von 2 unbehandelten Zitronen

16–20 sterilisierte Schraubgläser mit 250 g Fassungsvermögen

Die Zwiebeln sowie die ungeschälten Äpfel und Birnen sehr fein würfeln. Die Tomaten in etwas größere Stücke schneiden (die »Schnippelarbeit« können Sie auch die Küchenmaschine erledigen lassen). Alles in einen großen Topf mit schwerem Boden füllen und – ohne Zugabe von Wasser – etwa 10 Minuten bei mittlerer Hitze erhitzen.

Die übrigen Zutaten dazugeben und das Chutney 2–3 Stunden lang köcheln lassen.

Überschüssige Flüssigkeit in einen kleineren Topf abgießen und bei starker Hitze einkochen lassen, bis sie eine dicke, sirupartige Konsistenz hat. Anschließend wieder zum Chutney gießen (oder in eine Flasche füllen und für Saucen verwenden). Je nachdem, wie viel Wasser die Tomaten enthalten, kann das fertige Chutney relativ dünnflüssig sein.

Das Chutney in die sterilisierten Gläser füllen, verschließen und abkühlen lassen. Die Gläser mit Etiketten versehen und an einem kühlen, lichtgeschützten Ort aufbewahren. Das Chutney ist so bis zu 3 Jahre haltbar. Vor dem Verzehr sollten Sie es möglichst 3 Monate lang ruhen lassen. Angebrochene Gläser im Kühlschrank aufbewahren.

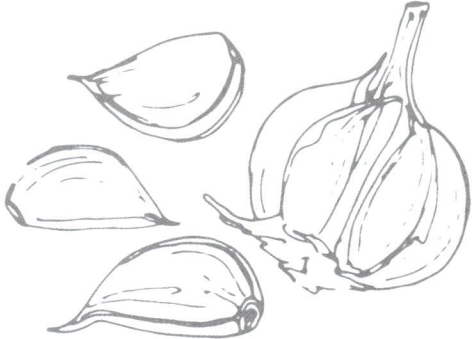

Pickles

BUTTERMILCH-PICKLES

Der Geschmack dieser Pickles ist einfach köstlich und ganz anders als der mit Essig hergestellten. Fast alles lässt sich so einlegen. Mein persönlicher Favorit sind Birnen mit ein paar Lorbeerblättern und Zimtstangen.

ERGIBT 2–3 KG

2 kg Wurzelgemüse und Kohl Ihrer Wahl, grob gehackt, oder 2 kg Birnen, geviertelt
1 l Buttermilch (wenn Sie gerade Butter gemacht haben – siehe Seite 44 –, können Sie so gleich die angefallene Buttermilch verarbeiten)
Salz

ein sterilisiertes 3-l-Schraubglas

Das Gemüse oder die Birnen in ein großes, sauberes Schraubglas oder ein gut verschließbares Keramikgefäß füllen. Die Buttermilch darübergießen und gut umrühren. Mit einem zusammengeknüllten Kohlblatt abdecken und das Blatt gut andrücken (damit das Gemüse immer vollständig mit Flüssigkeit bedeckt ist). Das Glas verschließen und den Inhalt 12 Stunden lang an einem warmen Ort fermentieren lassen.

Anschließend das Glas öffnen. Sind das Gemüse oder die Birnen nicht mehr mit Buttermilch bedeckt, die Flüssigkeit mit Salzwasser (3 Teelöffel Salz je Liter Wasser) auffüllen. Den Inhalt wieder mit dem Kohlblatt beschweren und das Glas erneut verschließen, dann an den warmen Ort zurückstellen. Weitere 3 Tage lang fermentieren lassen. Dann die Pickles in kleinere Gläser umfüllen und in den Kühlschrank stellen. Buttermilch-Pickles können zu fast allem als Beilage gereicht werden.

EINGELEGTE ZUCCHINI

Dieses Rezept eignet sich auch für anderes Gemüse wie Blumenkohl, Brokkoli, Chinakohl, Kohlrabi oder Rosenkohl.

ERGIBT 1,5 KG

1,2 kg verschiedenfarbige Zucchini
2 TL gelbe Senfkörner
1 TL schwarze Senfkörner
1 TL gemahlene Kurkuma
1 TL Fenchelsamen
220 g Zucker
500 ml roher Apfelessig
250 ml weißer Essig
½ TL Chiliflocken

4–6 sterilisierte Schraubgläser à 250 g

Die Zucchini waschen, abtrocknen und der Länge nach halbieren. Mit einem Teelöffel die Kerne und das weiche Fruchtfleisch in der Mitte herauslösen und wegwerfen. Dann die Zucchinihälften in dünne Scheiben schneiden und in eine große hitzebeständige Schüssel füllen.

Die übrigen Zutaten in einem großen Topf verrühren, aufkochen und etwa 20 Minuten kochen lassen. Dann den kochenden Sud über die Zucchini gießen und das Ganze etwa 5 Minuten ruhen lassen. Den Schüsselinhalt in den Topf gießen und weitere 3 Minuten kochen lassen. Anschließend die Zucchini mit dem Sud auf die sterilisierten Gläser verteilen, die Gläser verschließen und das Gemüse abkühlen lassen. Die Gläser mit Etiketten versehen und an einem kühlen, lichtgeschützten Ort aufbewahren. Die so bis zu 2 Jahre haltbaren Zucchini vor dem Verzehr möglichst mindestens 3 Monate durchziehen lassen.

SÜSSSAUER EINGELEGTE KIRSCHEN

Diese fruchtigen, süßsauren Pickles sind mein absoluter Favorit. Ich verwende sie sowohl für süße als auch für pikante Gerichte, vor allem für meine Schokoladen-Kirsch-Pie. Sie passen aber auch hervorragend zu einer Käseplatte und zu Cocktails, ja sogar zu Fleischgerichten.

ERGIBT 1–1,5 KG

1 kg Kirschen
6 Streifen unbehandelte Orangenschale
Saft von 1 Orange
350 g weißer Zucker oder brauner Rohrzucker
  oder eine Mischung aus beidem
500 ml Weißwein- oder roher Apfelessig
10 Gewürznelken
1 Stück (2 cm) frischer Ingwer, gehackt
2 Zimtstangen
6 Kardamomkapseln, zerstoßen

4–6 sterilisierte Schraubgläser à 250 g

Die Kirschen waschen, entstielen, entsteinen. Die übrigen Zutaten in einem Topf mit 180 ml Wasser verrühren, aufkochen und 20 Minuten köcheln lassen. Die Kirschen dazugeben und 2 Minuten kochen lassen, bis sie weich sind. Wenn Sie festere Früchte bevorzugen, auf das Kochen verzichten, die Kirschen direkt auf die sterilisierten Gläser verteilen und die heiße Flüssigkeit darübergießen.

Wenn Sie die Kirschen kochen, die Früchte nach dem Kochen auf die Gläser verteilen und mit dem heißen Sud bedecken. Die Gläser verschließen und die Kirschen abkühlen lassen. Dann die Gläser mit Etiketten versehen und an einem kühlen, lichtgeschützten Ort aufbewahren. Die eingelegten Kirschen sind bis zu 2 Jahre haltbar. Angebrochene Gläser im Kühlschrank aufbewahren.

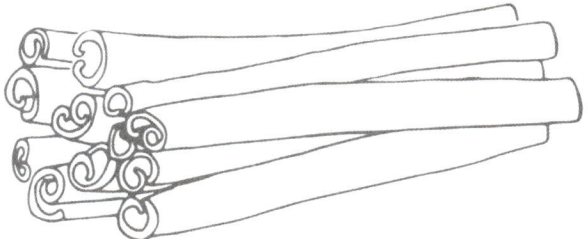

PIKANT EINGELEGTE ZWIEBELN

An diesen Zwiebeln scheiden sich die Geister. Die einen verabscheuen
sie, die anderen lieben sie. Ich gehöre zu den Letzteren, genau wie
meine ganze Familie, in der jedes Jahr zur Weihnachtszeit um die paar
Gläser gefochten wird, die meine Großmutter mitbringt …

ERGIBT 1,5 KG

1,25 kg Silberzwiebeln

60 g feines Salz

2 l Weißweinessig

2 l Malzessig (oder 1 l Malzessig mit 1 l rohem Apfelessig
gemischt)

65 g Packed Brown Sugar (brauner
Rohrzucker mit Melasse)

4 Knoblauchzehen, gehackt

1 Stück (2 cm) frischer Ingwer,
gehackt

1 Zimtstange

3–5 getrocknete rote Chilischoten

FÜR DIE GLÄSER

gelbe Senfkörner

braune Senfkörner

frische oder getrocknete Lorbeerblätter

Zimtstangen

4–6 sterilisierte Schraubgläser
à 250 g

Die Zwiebeln in eine große Schüssel legen und mit kochendem Wasser bedecken, damit sich die Schale leichter entfernen lässt. Wenn das Wasser kalt ist, die Zwiebeln abgießen, schälen und in eine zweite Schüssel füllen. Das Salz und 1 Liter Wasser hinzufügen. Mit einem Geschirrtuch abdecken und 24 Stunden ruhen lassen. Die Zwiebeln am nächsten Tag waschen, trocknen und zur Seite stellen.

Die Essige mit dem Zucker, dem Knoblauch, dem Ingwer, der Zimtstange und den Chilischoten in einem Topf aufkochen und 10 Minuten kochen lassen. Dann die Zwiebeln, die Senfkörner, Lorbeerblätter und Zimtstangen auf die sterilisierten Gläser verteilen. Den Sud durch ein feines Sieb in einen Krug seihen und die Zwiebeln damit bedecken. Die Gläser verschließen und die Zwiebeln abkühlen lassen. Die Gläser an einem kühlen, lichtgeschützten Ort aufbewahren und die Zwiebeln vor dem Verzehr mindestens 3 Monate durchziehen lassen. Angebrochene Gläser im Kühlschrank aufbewahren.

Eingelegte Zitronen

Eingelegte Zitronen geben den Speisen eine leicht bittere, säuerliche Note und schmecken vorzüglich in Salaten. Man kann sie aber auch vor dem Braten unter die Haut eines Hähnchens schieben oder unter gekochten Reis mischen. Die Zitronen vor der Verwendung immer kurz abspülen und trocken tupfen.

Einige Zitronen zum Auspressen beiseitelegen. Die restlichen Früchte so vierteln, dass sie am Stielansatz noch zusammenhängen. Die Kerne entfernen und von jeder Zitrone etwas Saft in die Gläser pressen. Mindestens 1 Teelöffel Salz in die Mitte der geviertelten Zitronen geben und in das Fruchtfleisch einmassieren.

Die Zitronen mit den Lorbeerblättern, je 1 Zimtstange und 1 Teelöffel Fenchelsamen in die Gläser schichten und jeweils mit 2 Teelöffeln Salz bestreuen. Die restlichen Zitronen auspressen und die eingesalzenen Früchte mit dem Saft bedecken.

Die Gläser verschließen und an einem kühlen Ort aufbewahren. Die Zitronen vor der Verwendung mindestens 2 Monate durchziehen lassen. Die Früchte vor dem Gebrauch unter fließendem Wasser abspülen, das Fruchtfleisch entfernen und wegwerfen, die Schalen nach Belieben klein schneiden. Die eingelegten Zitronen eignen sich hervorragend zum Verfeinern von Schmorgerichten und Salaten.

ERGIBT 4 GLÄSER À 250 G

12–14 Zitronen
220 g Meersalz
10–20 frische Lorbeerblätter
4–6 Zimtstangen
4 TL Fenchelsamen

4 sterilisierte Schraubgläser
  à 250 g

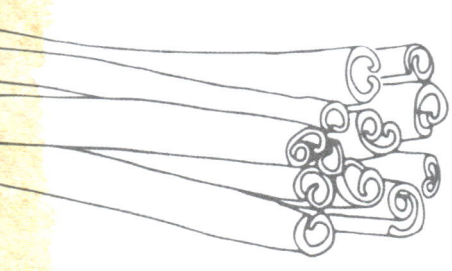

Konfitüren und Curds

PFLAUMENKONFITÜRE

Ich verfeinere diese Konfitüre gerne noch mit Gewürzen wie Orangenblütenwasser oder Lavendel.

ERGIBT 1 KG

1,5 kg Pflaumen (auch ein paar unreife)
1 TL gemahlener Zimt
1 TL Lebkuchengewürz
300 ml Orangensaft
1,25 kg Zucker (am besten brauner Rohrzucker)

4–6 sterilisierte Schraubgläser à 250 g

Die Pflaumen waschen, halbieren, entsteinen. Alle Zutaten bis auf den Zucker in einen breiten Topf geben. Die Pflaumenkerne in ein Stück Gaze einschlagen, das Säckchen mit Küchengarn zubinden und ebenfalls in den Topf geben. Einen Unterteller für die Gelierprobe in das Gefrierfach stellen. Die Mischung zum Kochen bringen und etwa 20 Minuten bei geringer bis mittlerer Hitze köcheln lassen, bis sich die Pflaumenschalen vom Fruchtfleisch lösen. Bei geringer Hitze den Zucker hinzufügen und mit raschen Bewegungen rühren, bis er sich auflöst. Die Mischung erneut zum Kochen bringen und weitere 10 bis 15 Minuten lang kochen lassen, bis das Zuckerthermometer 104,5 °C anzeigt. Geben Sie einen kleinen Klecks der Konfitüre auf den eiskalten Unterteller: Fertig ist sie, wenn sie sich »kräuselt«, sobald man sie mit dem Finger berührt. Ansonsten noch einige Minuten lang kochen lassen und die Gelierprobe wiederholen. Ist die Konfitüre fertig, den Topf vom Herd nehmen. Das Säckchen mit den Kernen herausnehmen und wegwerfen. Die fertige Konfitüre in die Gläser füllen, verschließen und die Konfitüre abkühlen lassen. Gläser mit Etiketten versehen und an einem kühlen, lichtgeschützten Ort aufbewahren. Sie ist bis zu 2 Jahre lang haltbar. Angebrochene Gläser im Kühlschrank aufbewahren.

BEERENKONFITÜRE

Mit einer kleinen Handvoll frisch gehackter Minze oder einem Esslöffel Rosenwasser lässt sich auch diese Konfitüre noch verfeinern.

ERGIBT 1 KG

1 kg Beeren (eine oder mehrere Sorten, auch ein paar unreife Früchte dazugeben)
900 g Kristallzucker
Saft und Schale von 1 unbehandelten Zitrone

4–6 sterilisierte Schraubgläser à 250 g

Die Beeren waschen, entstielen und trocken tupfen. Erdbeeren vierteln, alle anderen Beeren ganz lassen. Die Früchte in den Marmeladentopf oder einen breiten Topf füllen. Den Zucker, den Zitronensaft und die Zitronenschale hinzufügen. Gut umrühren und die Beeren lose mit einem Geschirrtuch abgedeckt einige Stunden ruhen lassen. Einen Unterteller für die Gelierprobe in das Gefrierfach stellen. Die Beeren bei sehr geringer Hitze unter gelegentlichem Rühren erhitzen, bis sich der Zucker vollständig aufgelöst hat. Die Wärmezufuhr dann erhöhen und die Beeren-Zucker-Mischung erhitzen, bis sie sprudelnd kocht und sich Schaum an der Oberfläche bildet. Die Beeren etwa 20 Minuten kochen und dabei alle paar Minuten umrühren, damit sie nicht anbrennen. Um die Gelierprobe zu machen, einen kleinen Klecks auf den eiskalten Unterteller geben. Die Konfitüre ist fertig, wenn sie sich »kräuselt«, sobald man sie mit dem Finger berührt. Ansonsten noch einige Minuten lang kochen lassen und die Gelierprobe wiederholen. Die fertige Konfitüre einige Minuten abkühlen lassen und danach in die heißen, sterilisierten Gläser füllen. Die Gläser verschließen, etikettieren und an einem kühlen, lichtgeschützten Ort aufbewahren. Die Konfitüre ist bis zu 2 Jahre lang haltbar.

LEMON CURD

Vorzüglich auf Toast, in Tartes, auf Eiscreme, unter einen Joghurt gerührt oder einfach so aus dem Glas gelöffelt. Diese Version eines Rezepts von mir stammt von meiner Mutter. Und sie ist exzellent.

ERGIBT 750 G–1 KG
375 g Butter, gewürfelt
abgeriebene Schale und Saft von 6 unbehandelten
 Zitronen oder eine Mischung aus Zitronen und
 Limetten
500 g Zucker
25 g Maisstärke
6 Eigelb

4–6 sterilisierte Schraubgläser à 250 g

Die Butter mit der Zitronenschale, dem Zitronensaft und dem Zucker bei geringer Hitze unter Rühren erhitzen, bis sich der Zucker aufgelöst hat. Die Mischung zum Kochen bringen. In einer Tasse die Maisstärke mit 50 ml Wasser anrühren und zur Zitronen-Butter-Mischung geben. Das Ganze erneut aufkochen lassen, dabei einige Minuten rühren.

Die Eigelbe mit 50 ml Wasser verquirlen. Die Zitronenmischung vom Herd nehmen und die Eigelbe einrühren. Den Lemon Curd durch ein feinmaschiges Sieb in einen sterilisierten Krug passieren und dann auf die Gläser verteilen. Dabei einen 0,5 cm breiten Rand frei lassen und eventuelle Luftblasen entfernen. Die Gläser verschließen, mit Etiketten versehen. An einem kühlen, lichtgeschützten Ort aufbewahren. Der Lemon Curd ist bis zu 6 Monate lang haltbar.

FRUCHTBUTTER

Eigentlich wollte ich Rhabarberkonfitüre machen, doch was dabei herauskam, fand ich noch viel besser. Statt dem Blütenwasser können Sie auch eine Prise Zimt oder Lebkuchengewürz hinzufügen.

ERGIBT 1 KG
1 kg Rhabarber oder Äpfel
440 g Zucker
abgeriebene Schale von 1 unbehandelten Orange
85 ml Orangensaft
15 ml Orangenblüten- oder Rosenwasser

4–6 sterilisierte Schraubgläser à 250 g

Rhabarber waschen, die Stielansätze abschneiden oder die Äpfel von den Kerngehäusen befreien und das Fruchtfleisch klein schneiden. Sämtliche Zutaten mit 1,25 Liter Wasser in einen breiten Topf mit schwerem Boden geben und das Ganze etwa 45 Minuten bei geringer bis mittlerer Hitze kochen lassen, bis eine dicke, dunkle Paste entstanden ist. Dabei gelegentlich umrühren, damit nichts anhängt. Die Fruchtbutter in die Gläser füllen, diese verschließen und etikettieren. An einem kühlen, lichtgeschützten Ort aufbewahren. Die Fruchtbutter ist bis zu 6 Monate lang haltbar.

Lemon Curd lässt sich auch einfrieren, allerdings müssen die Gläser dann mit Plastikdeckeln verschlossen werden und dürfen nur bis 1 cm unterhalb des Randes gefüllt werden.

Vanilleeis

Das Tolle an dieser Eiscreme ist, dass man dabei ganz ohne Eis-
maschine auskommt und dass sie nicht einmal durchgerührt werden
muss. Er reicht, wenn man sie einfach in das Gefrierfach stellt.

FÜR 1–2 PERSONEN

3 EL flüssiger Honig
3 Eigelb
250 g Sahne
Mark von ½ Vanilleschote oder
  1 TL Vanilleextrakt

Den Honig in einem Topf erwärmen. Die Eigelbe in eine mittelgroße
Schüssel geben und den warmen Honig unterschlagen. Die Sahne und
die Vanille unterschlagen. Die Mischung in eine Gefrierdose füllen und
2–3 Stunden im Gefrierfach fest werden lassen. Das Eis 10 Minuten vor
dem Servieren herausnehmen.

*Probieren Sie zur Abwechslung immer mal wieder einen anderen
Honig aus oder ersetzen Sie ihn durch Ahornsirup.*

*Probieren Sie mal diese Variante: Geben Sie kleine
Kugeln der Sorbets in Sektflöten und füllen Sie diese dann
mit Prosecco, Cava oder Champagner auf.*

Fruchtsorbets

Wie Chutneys und Pickles sind auch Sorbets ideal, um je nach Saison größere Mengen an Früchten zu verarbeiten. Diese müssen, falls nötig, nur geschält oder entstielt und klein geschnitten werden. Anschließend werden sie tiefgefroren und danach in der Küchenmaschine oder mit dem Stabmixer püriert. Ganz nach Belieben kann man das Ganze mit etwas Puderzucker oder Honig süßen oder dem Sorbet mit Gewürzen, Kräutern, einem Schuss Alkohol oder Saft eine besondere Note verleihen. Hier einige meiner Lieblingskombinationen:

MANGO, LIMETTE UND HONIG

Tiefgefrorene Mangostücke mit einem Spritzer Limettensaft und etwas Honig im Mixer zu einem glatten Püree verrühren und 10–20 Minuten lang im Gefrierfach fest werden lassen.

BIRNE UND BROMBEERE

Geschälte, tiefgefrorene Birnenstücke mit 1 Handvoll Brombeeren, 1 Tropfen Ahornsirup und 1 Prise Lebkuchengewürz zu einem glatten Püree verrühren und 10–20 Minuten lang im Gefrierfach fest werden lassen.

ERDBEERE

Entstielte, tiefgefrorene Erdbeeren mit ein paar Teelöffeln Puderzucker im Mixer zu einem glatten Püree verrühren. Da Erdbeeren keine so glatte Textur haben wie Mangos oder Birnen, müssen sie etwas länger püriert werden. Das Püree anschließend 10–20 Minuten lang im Gefrierfach fest werden lassen.

Lebensmittelfarben

Viele Mütter würden ihre Kinder am liebsten ganz von Party-Food fernhalten. Mit gutem Grund. Aber hier geht es nicht um künstliche, sondern um natürliche Lebensmittelfarben …

GELB
½ TL frisch geriebene oder gemahlene Kurkuma

Die Kurkuma in einer kleinen Stielkasserolle mit 120 ml Wasser aufkochen und 5 Minuten kochen lassen. Die Flüssigkeit vollständig abkühlen lassen und in einem Schraubglas oder einem luftdicht verschlossenen Behälter aufbewahren. Im Kühlschrank ist die Farbe bis zu 1 Monat haltbar. Zum Färben benötigt man 1 TL davon, etwas mehr, wenn Sie ein intensiveres Gelb wünschen.

PURPURROT
70 g frische oder tiefgefrorene Heidelbeeren (tiefgefrorene Früchte auftauen und auf Küchenpapier trocknen lassen)

Die Beeren mit 4 TL Wasser in der Küchenmaschine zu einem glatten Püree verrühren. Durch ein sehr feinmaschiges Sieb passieren und in einem Schraubglas oder einem luftdicht verschlossenen Behälter aufbewahren. Im Kühlschrank ist die Farbe bis zu 1 Monat haltbar. Zum Färben benötigen Sie 1 TL davon bzw. etwas mehr, wenn Sie ein leuchtenderes Purpurrot wünschen.

GRÜN
60 g Spinat

Den Spinat mit Wasser bedecken und 5 Minuten kochen. In ein Sieb abgießen und die Kochflüssigkeit wegschütten. Den Spinat mit 6 EL Wasser in der Küchenmaschine zu einem glatten Püree verrühren.

Durch ein feinmaschiges Sieb passieren und in einem Schraubglas oder einem luftdicht verschlossenen Behälter aufbewahren. Im Kühlschrank ist die Farbe bis zu 1 Monat lang haltbar. Zum Färben benötigen Sie 1 TL davon, etwas mehr, wenn Sie ein dunkleres Grün wünschen.

ROT
80 g Himbeeren

Die Beeren mit 4 TL Wasser in der Küchenmaschine zu einem glatten Püree verrühren. Durch ein feinmaschiges Sieb passieren und in einem Schraubglas oder einem luftdicht verschlossenen Behälter aufbewahren. Im Kühlschrank ist die Farbe bis zu 2 Wochen haltbar. Mit 1 TL dieser Farbe verleihen Sie Frostings und Teigen einen zarten Rotton. Wünschen Sie ein intensiveres Rot, nach und nach etwas mehr Farbe dazugeben.

PINK
125 g gekochte Rote Bete (ist vakuumverpackt im Handel erhältlich)
2 TL Flüssigkeit aus der Verpackung

Die Rote Bete mit der Flüssigkeit in der Küchenmaschine zu einem glatten Püree verrühren und gegebenenfalls noch durch ein feinmaschiges Sieb passieren. In einem luftdicht verschlossenen Behälter kann die Farbe bis zu 2 Wochen im Kühlschrank aufbewahrt werden. Mit 1 TL dieser Farbe verleihen Sie Frostings und Teigen einen zarten Rosaton. Wünschen Sie ein kräftigeres Pink, nach und nach etwas mehr Farbe dazugeben.

Der Barwagen

ICH GEBE ES ZU: Einem guten Glas Rotwein (oder auch zwei) bin ich nie abgeneigt. Und ein guter Barwagen sollte nicht nur mit Bier und Riesling bestückt sein. Jedes Mal, wenn ich eine Bar besuche (was inzwischen leider nicht mehr so oft vorkommt), entdecke ich auf der Karte einen neuen Cocktail mit ausgefallenen Zutaten, von denen ich noch nie etwas gehört habe. Doch nicht selten handelt es sich bei diesen vermeintlich unbekannten Zutaten um Dinge, die es schon seit Jahrzehnten, wenn nicht gar Jahrhunderten oder noch länger gibt und denen man lediglich einen neuen, interessant klingenden Namen gegeben (sowie den Preis entsprechend angehoben) hat.

Cocktails sind etwas Herrliches, und sie schmecken ganz köstlich, enthalten häufig aber sehr viel Zucker – davon kommen dann die Kopfschmerzen am nächsten Morgen. Je älter ich werde, desto weniger Alkohol vertrage ich, und manchmal ist mir zwar nach Gesellschaft, aber ich möchte dann keinen Wein trinken. Deshalb ist nun selbst gemachter Kombucha oder Ginger Beer (natürlich in einem Weinglas) mein neuer bester Freund. Das bringt mich genauso in Schwung wie ein Glas Wein, nur dass ich meinen Darm damit nicht ruiniere, sondern ihm sogar noch etwas Gutes tue. Bei diesem und den anderen Rezepten – für Sirupe und Shrubs, Limonaden und Limoncinos – in diesem Kapitel wissen Sie genau, welche Zutaten und wie viel Zucker sie enthalten. Und das bedeutet für Sie und mich: keine Kopfschmerzen mehr an nächsten Morgen!

Kombucha

Kombucha ist ein natürlich fermentiertes – und deshalb leicht moussierendes – Teegetränk, das einen angenehmen, leicht säuerlichen Geschmack hat. Es wirkt entgiftend und unterstützt die Darmflora. Gewöhnen Sie Ihren Körper langsam daran, denn Kombucha ist reich an Probiotika. Beginnen Sie mit 30–60 ml, die Sie unmittelbar vor oder nach einer Mahlzeit trinken, und erhöhen Sie die Menge gegebenenfalls allmählich. Wenn Sie merken, wie gut Ihnen das tut, werden Sie »die Dosis« am Ende vielleicht sogar auf ein ganzes Glas erhöhen.

ERGIBT 1 L

1 l Wasser, abgekocht und abgekühlt

60 g Bio-Rohrohrzucker (die meisten reinen Zucker scheinen sich zu eignen, Honig sollten Sie am Anfang jedoch nicht nehmen)

2 Beutel ungespritzter Bio-Schwarztee (keine aromatisierten Tees verwenden)

1 aktiver Pilz (dass der Kombucha-Pilz aktiv ist, erkennt man daran, dass er aus mehreren hauchdünnen Schichten zusammengesetzt ist)

ein sterilisiertes 1-l-Schraubglas
eine lebensmittelechte Plastikflasche
Gaze

Sie benötigen einen Kombucha- oder Teepilz. Diesen bekommen Sie (möglichst Bio) über das Internet (siehe rechte Seite). Sobald sich eine gallertartige Schicht gebildet hat, können Sie beginnen, indem Sie zunächst die Utensilien und die Arbeitsfläche sorgfältig reinigen. Dann das Wasser in einem Topf zum Kochen bringen, den Zucker hineingeben und unter Rühren auflösen. Die Mischung noch einmal aufkochen lassen und die Herdplatte danach ausschalten. Die Teebeutel hineingeben und dabei darauf achten, dass sie mit Wasser bedeckt sind. Den Tee 10–15 Minuten lang ziehen lassen und dann die Beutel herausnehmen.

Den Tee in das Glas gießen und auf Raumtemperatur abkühlen lassen. Das kann Stunden dauern, dieser Schritt ist jedoch sehr wichtig und darf deshalb nicht übersprungen werden.

Sobald der Tee abgekühlt ist, den Pilz hineingeben, das Glas mit einem Stück sauberer Gaze abdecken und das Ganze in einem lichtgeschützten Winkel der Küche bei Zimmertemperatur fermentieren lassen. Nach 5–7 Tagen (das hängt davon ab, welchen Geschmack Sie bevorzugen) sollte der Kombucha fertig sein. Wenn man das erste Mal einen neuen Pilz verwendet, kann es etwas länger dauern.

Um dem Kombucha mehr Geschmack und Spritzigkeit zu verleihen, kann er ein zweites Mal fermentiert werden. Dazu den Pilz herausnehmen und einen neuen Kombucha ansetzen. Die aktive Lösung in eine lebensmittelgeeignete Plastikflasche füllen.

Frischen Fruchtsaft oder frische, in Würfel geschnittene Früchte dazugeben (am besten 1 Apfel, denn er unterstützt die Fermentation), die Flasche gut verschließen und 1–2 Tage bei Zimmertemperatur stehen lassen, bis Sie an der Form erkennen, dass die Flasche durch die Kohlensäure unter Druck steht. Den Kombucha dann in den Kühlschrank stellen und innerhalb von 8–10 Tagen aufbrauchen. In dieser Zeit schmeckt er am besten und ist am spritzigsten (beim Kühlen verlangsamt sich der Fermentationsprozess erheblich).

Und denken Sie immer daran: Die Fermentation ist ein aktiver Prozess, bei dem erhebliche Kräfte freigesetzt werden. Seien Sie also vorsichtig, denn es kann schon einmal passieren, dass Deckel herumfliegen und etwas explodiert.

Der zweite Ansatz ist die ideale Gelegenheit, um den Kombucha, etwa mit Kräutern wie Minze oder Zitronenverbene, mit Beeren oder Steinfrüchten oder was sonst Ihr Kühlschrank oder Ihr Garten hergeben, geschmacklich zu verfeinern.

WISSENSWERTES

〜 Der Fachbebriff für einen Kombucha-Teepilz heißt SCOBY (Symbiotic Colony of Bacteria and Yeasts). Genau genommen handelt es sich dabei nicht um einen eigenständigen Pilz, sondern um eine Symbiose verschiedener Hefen.

〜 Kombucha ist reich an Probiotika, die für einen gesunden Darm sorgen, indem sie Pilzerkrankungen vorbeugen und die Verdauung fördern. In der Alternativmedizin werden ihm weitere positive Wirkungen zugeschrieben, die sich jedoch bislang wissenschaftlich nicht belegen lassen. So soll er u.a. zu geistiger Klarheit und einer ausgeglichenen Stimmung beitragen, das Immunsystem stärken und neue Energie verleihen.

〜 Siehe auch z.B.: www.original-kombucha.de, www.fairment.de

Shrub

Shrub ist ein erfrischendes alkoholfreies Getränk, das aus frischen Früchten, Essig und etwas Zucker hergestellt wird. Das Beste daran ist, dass man dafür jede Frucht verwenden kann. Sie können Shrubs also zu jeder Jahreszeit herstellen. Wichtig ist nur, dass der Essig mehr als fünf Prozent Säure enthält.

ERGIBT 1 L

750 g Früchte, gewaschen, entstielt, die Kerngehäuse entfernt und klein geschnitten
1 l Essig
750 g Zucker

ein 2-l-Schraubglas

Zunächst das Glas sterilisieren und die Früchte hineinfüllen. Den Essig in einem Topf erhitzen, bis er fast kocht. Den kochend heißen Essig über die Früchte gießen. Dabei darauf achten, dass ein mindestens 2,5 cm breiter Rand frei bleibt. Den Rand des Glases sauber reiben, das Glas verschließen und 2–4 Wochen an einem kühlen, lichtgeschützten Ort ruhen lassen. Das Glas in dieser Zeit gelegentlich schütteln.

Anschließend den Deckel abnehmen und den Inhalt durch ein Sieb in einen Topf seihen. Die Früchte wegwerfen, den Zucker hinzufügen und den Fruchtessig zum Kochen bringen. Dabei ständig rühren, damit sich der Zucker auflöst, bevor der Essig zum Kochen kommt. Den Topf danach vom Herd nehmen, den Essig abkühlen lassen und in ein zweites sterilisiertes Glas gießen. Im Kühlschrank ist der Shrub bis zu 6 Monate haltbar. Sollte sich Schimmel bilden oder das Getränk zu gären beginnen, muss es weggeschüttet werden. 1–2 Esslöffel Shrub in ein Glas Mineralwasser oder einen fruchtigen Cocktail geben.

Beerensirup

Am Ende der leider nur kurzen Beerensaison mache ich mir gern aus den Beeren – als kleiner Stimmungsaufheller für Schlechtwettertage – einen Sirup. Dieser schmeckt vorzüglich mit Mineralwasser verdünnt oder in einem fruchtigen Cocktail.

ERGIBT 1 LITER

750 g Himbeeren, Brombeeren, Heidelbeeren oder Erdbeeren (oder eine Beerenmischung)
750 g Rohrohr- oder Kokosblütenzucker
6–8 EL roher Apfelessig

eine sterilisierte 1,5-l-Flasche

Sämtliche Zutaten bei geringer Hitze in einem Topf erhitzen und die Beeren dabei zerdrücken. Die Mischung 10 Minuten lang köcheln lassen, bis sie eine sirupartige Konsistenz hat, dann durch ein feinmaschiges Sieb in einen sauberen Topf passieren. Die im Sieb zurückgebliebenen Früchte mit etwa 600 ml Wasser in eine kleine Schüssel geben, die Flüssigkeit durch das Sieb in den Topf mit dem Sirup seihen und zum Kochen bringen. 1–2 Minuten lang kochen lassen, danach in die sterilisierte Flasche füllen. Die Flasche verschließen und etikettieren. Der Sirup ist bis zu 3 Monate haltbar. Die Flasche nach dem Öffnen im Kühlschrank aufbewahren.

grapefruit-Bitter

Ich bin ein großer Campari-Fan. Der bittere Geschmack macht mich jedes Mal beinahe süchtig. Sollten Ihnen die Grapefruits zu bitter sein, ersetzen Sie sie einfach durch Orangen. Und falls Sie weder Hibiskusblüten noch Weißdornbeeren bekommen, können Sie diese auch über das Internet beziehen.

ERGIBT 500 ML

1 rosa Grapefruit, ungeschält

40 g getrocknete Weißdorn- oder Wacholderbeeren

15 g ganze getrocknete Hibiskusblüten

4 EL Koriandersamen

8 Sternanis

2 EL Fenchelsamen

2 TL weißer Pfeffer

1 TL Honig

25 cl Brandy

ein sterilisiertes 500-ml-Schraubglas

Die Grapefruit in quadratische Stücke schneiden. Mit den übrigen Zutaten in das Glas füllen. Gut verschließen und kräftig schütteln. Mit einem Etikett versehen und die Mischung 6 Wochen lang an einem kühlen, lichtgeschützten Ort durchziehen lassen. In ein sauberes Schraubglas abseihen. 1–2 Esslöffel davon in Ihren Drinks verleihen diesen eine leicht bittere Note.

*Ein richtig guter Shrub schmeckt
säuerlich und süß zugleich. Er ist durststillend
und regt gleichzeitig den Appetit an.*

ginger Beer

Ginger Beer schmeckt nicht nur köstlich, es ist auch eine großartige Alternative zu anderen, in der Regel extrem zuckerhaltigen Softdrinks. Es erinnert mich an meine Kindheit. Softdrinks gab es für uns nur an besonders heißen Tagen und bei besonderen Gelegenheiten. Meine Mutter wusste, dass Ginger Beer die beste Wahl war, und sie ahnte gar nicht, wie recht sie hatte, denn Ingwer wirkt entzündungshemmend auf das Verdauungssystem. Zunächst müssen Sie einen sogenannten Ginger Bug herstellen. Er fungiert wie bei einem Sauerteig als Starter und ist reich an guten Bakterien. Ingwer ist jedoch nicht nur gut für die Verdauung, er beugt auch Erkältungen vor. Mit seinem erfrischenden Geschmack ist Ginger Beer nicht nur ein ideales Sommergetränk, es eignet sich auch hervorragend zum Mixen von Cocktails.

PHASE 1

Die Zutaten in ein sauberes 500-ml-Schraubglas füllen. Das Glas mit einem Stück sauberer Gaze abdecken und diese mit einem Gummiring befestigen. Den Ansatz bei Zimmertemperatur ruhen lassen, bis sich Blasen bilden und er zu blubbern beginnt. Dies sollte nach 4–7 Tagen der Fall sein. Dann ist er durch die Wirkung der in der umgebenden Luft befindlichen wilden Hefen und Bakterien vergoren. Und das ist dann Ihr »Bug«.

PHASE 2

Das Wasser in einem großen Topf zum Kochen bringen. Inzwischen den Ingwer reiben (je größer das Stück, desto intensiver ist später der Ingwergeschmack). Den Zucker in das kochende Wasser geben, das Wasser erneut aufkochen lassen und den Ingwer hineingeben. Das Ganze 15–20 Minuten lang bei mittlerer Hitze kochen lassen.

Den Ingwer durch ein Barsieb abseihen, die Flüssigkeit auf Raumtemperatur abkühlen lassen, in eine lebensmittelechte Plastikflasche füllen und den Zitronensaft hinzufügen.

Vergewissern Sie sich, dass Ihr Bug aktiv ist. Dann seihen Sie ihn ab und gießen ihn in den Ingwertee. Die Flasche gut verschließen und das Ginger Beer bei Zimmertemperatur stehen lassen, bis sich die Flasche wölbt. Das dauert in der Regel 2–3 Tage. Behalten Sie die Flasche in dieser Zeit unbedingt im Auge, um zu kontrollieren, wie viel Kohlensäure sich bildet. Sobald sich die Flasche zu wölben beginnt, das Bier in den Kühlschrank stellen und binnen 2 Wochen verbrauchen.

ERGIBT 2 L

PHASE 1 (für den Ginger Bug)
2 EL geriebener Bio-Ingwer
2 EL Bio-Rohrohrzucker
250 ml gefiltertes Wasser

ein sterilisiertes 500-g-
   Schraubglas

PHASE 2 (für das Ginger Beer)
2 l gefiltertes Wasser
ein Stück (5–10 cm) frischer
   Bio-Ingwer
175 g Bio-Rohrohrzucker
Saft von 1 Zitrone

eine lebensmittelechte Plastikflasche

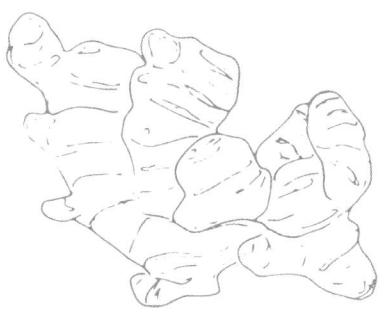

Limoncino

Sollten Sie nicht das Glück haben, in einem Teil der Welt zu leben, wo Zitrusfrüchte im eigenen Garten gedeihen, kaufen Sie sich einfach eine größere Menge auf dem Markt, um daraus diesen wirklich köstlichen Likör zu machen.

ERGIBT 2 L

1 l Wodka
4 unbehandelte Zitronen, in heißem Wasser gründlich abgebürstet
2 unbehandelte Orangen, in heißem Wasser gründlich abgebürstet
2 unbehandelte rosa Grapefruits, in heißem Wasser gründlich abgebürstet
1 kg Zucker
1 l kochendes Wasser
frische Zitrusschalenstreifen zum Dekorieren

zwei sterilisierte 1-l-Schraubgläser
zwei dekorative 1-l-Flaschen

Die Zitrusschalen in langen, etwa 1 cm breiten Streifen abschälen und die weiße Haut sorgfältig entfernen. Die Schalen auf die beiden Gläser verteilen und mit dem Wodka bedecken. Die Gläser verschließen, 1 Woche an einem kühlen, lichtgeschützten Ort ruhen lassen. Die Gläser in dieser Zeit mehrmals täglich schütteln. Nach 1 Woche den Zucker in einer hitzebeständigen Schüssel mit dem kochenden Wasser übergießen und so lange rühren, bis er sich vollständig aufgelöst hat. Das Zuckerwasser abkühlen lassen und dann auf die Gläser mit den Zitrusschalen verteilen. Die Gläser erneut verschließen, schütteln und für 1 weitere Woche an den alten Ort zurückstellen. (Gläser mehrmals täglich schütteln.) Dann den Likör abseihen und mit ein paar frischen Schalenstreifen in die Flaschen füllen. Er ist unbegrenzt haltbar und schmeckt am besten, wenn man ihn erst einige Monate durchziehen lässt.

Kräuterlimonade mit Blüten

Dies ist ein Rezept, in dem Sie alles verarbeiten können, was Ihr Garten oder Balkon so hergeben oder was Ihnen auf einem Spaziergang begegnet. Ich habe Ihnen ein paar Vorschläge für Kombinationen von Blüten und Kräutern zusammengestellt – Sie können aber auch selbst experimentieren.

ERGIBT 1 L

120 g Zucker
1 kleiner Bund Kräuter
3 EL ungespritzte essbare Blütenblätter
Saft von 5 Zitronen
Kräuter und Blütenblätter zum Dekorieren

Den Zucker mit 100 ml Wasser, dem Kräuterbund und den Blütenblättern in einem kleinen Topf zum Kochen bringen. 3 Minuten kochen lassen, die Wärmezufuhr danach verringern und das Ganze noch 5 Minuten köcheln lassen. Den Kräuterbund anschließend herausnehmen und den Sirup abkühlen lassen. Den Zitronensaft in einen Krug seihen, mit 1 Liter Wasser aufgießen und mit dem Sirup abschmecken. Ein paar Kräuter und Blütenblätter hineingeben und sofort auf Eis servieren.

KOMBINATIONSVORSCHLÄGE

~ Salbei und Rosenblüten
~ Rosmarin und Lavendel
~ Minze und Holunderblüten
~ Thymian und Orangenblüten

Heiße Schokolade mal anders

Dies sind meine beiden Favoriten aus einer ganzen Reihe von Variationen der heißen Schokolade, die Sie jederzeit mit Kräutern und Blüten Ihrer Wahl abwandeln können. Oder Sie ersetzen die Zartbitterschokolade zur Abwechslung einmal durch weiße Schokolade. In diesem Fall aber nur die halbe Menge nehmen und den Honig weglassen. Denn weiße Schokolade ist bereits relativ süß.

MIT ROSENBLÜTEN UND KARDAMOM

FÜR 2 PERSONEN

250 ml Vollmilch

250 ml flüssige Sahne

150 g Zartbitterschokolade (am besten mit 70 % Kakaoanteil)

1–2 TL Kardamomkapseln, zerdrückt

2 TL Rosenwasser

1 EL Honig (nach Belieben)

1 EL getrocknete Rosenblüten zum Dekorieren

Die Zutaten langsam in einer kleinen Stielkasserolle erhitzen, bis die Schokolade geschmolzen ist. Dabei darauf achten, dass die Milch nicht zum Kochen kommt. Die heiße Schokolade durch ein feines Sieb seihen, mit den Rosenblättern dekorieren und servieren.

MIT SALBEI UND LAVENDEL

Die heiße Schokolade wie oben beschrieben zubereiten, den Kardamom und das Rosenwasser jedoch durch die Blätter von 1 Salbeizweig und ½ Teelöffel Lavendelblüten ersetzen. Die heiße Schokolade anschließend durch ein feines Sieb seihen, mit frischem Salbei und Lavendel dekorieren und servieren.

Probieren Sie auch einmal Orangenblütenwasser, Gewürznelken und Sternanis oder – wenn Ihnen nach einem besonderen Kick ist – eine frische, der Länge nach aufgeschlitzte Chilischote.

Der garten

ICH BIN AUF DEM LAND AUFGEWACHSEN und hatte das Glück, einen riesigen Garten zur Verfügung zu haben. Als Kinder verbrachten wir die meiste Zeit draußen im Freien, wo wir spielten. Aber schon kurze Zeit später sollte der Garten mehr für mich werden als eine Spielwiese, nämlich ein Ort, an dem man Nahrungsmittel anbauen und etwas für den Erhalt der Artenvielfalt tun kann.

Während meines Studiums am Royal Agricultural College in England lebte ich einige Zeit in Gloucestershire in einer kleinen Einliegerwohnung, zu der auch ein wundervolles Gemüsegärtchen gehörte. Roger und Angie, die Hausbesitzer, erlaubten mir, dort mein eigenes Gemüse zu züchten, und das war der Moment, in dem ich eine wirkliche Beziehung zum Garten, zu den Jahreszeiten entwickelte. Als ich dann nach London zog, hatte ich dort immerhin noch einen Balkon. Und so entdeckte ich eine neue Leidenschaft: das Balkongärtnern.

Inzwischen bin ich wieder nach Australien zurückgekehrt. Dort habe ich einen Gemüsegarten auf der Farm meiner Eltern und in meiner Wohnung einen Balkon als kleinen urbanen Dschungel. Manchmal, wenn eine Pflanze zum ersten Mal blüht, hört mein Partner, Damien, einen Schrei vom Balkon …

Egal, wo man es macht – das Gärtnern und das Züchten von Pflanzen ist eine herrliche Erfahrung. Ob man nun auf einem Gemüsefeld arbeitet oder nur einen Blumentopf mit Kräutern auf dem Fensterbrett hat, überall kann man seine Nahrung selbst anbauen, kann beobachten, wie die Bienen in den Blumentöpfen mit dem Lavendel herumsummen oder die Vögel sich in Ihrem Futterhäuschen gütlich tun. Ihr Garten gehört Ihnen ganz allein, und Sie können daraus einen Ort machen, der Ihnen Nahrung gibt für Körper, Haut und Seele.

Mini-Salatbeet

Wenn Sie ein sonniges Plätzchen im Garten haben, und sei es noch so klein, wäre das der ideale Ort für ein Salatbeet. Denn es gibt einfach nichts Schöneres, als sich sein Abendessen selbst zu pflücken. Und nichts ist scheußlicher als ein welker, in einer undefinierbaren schleimigen Brühe schwimmender Tütensalat aus dem Supermarkt. Auch wer keinen Garten, aber einen Balkon besitzt, kann sich ein eigenes kleines »Salatbeet« anlegen: Dafür nehmen Sie einen Pflanzsack, wie man ihn für Tomatenpflanzen verwendet, oder einen alten Zuber aus Metall, einen Baueimer aus Plastik, oder Sie bauen sich selbst einen Kasten aus Holz. Bohren Sie ein paar Löcher in den Boden, damit das Wasser abfließen kann, und füllen Sie das Gefäß mit Bio-Komposterde. Besorgen Sie sich Sämlinge Ihrer Lieblingsblattsalate und -kräuter und pflanzen diese ein. Die Vorschläge rechts ergeben einen wunderbaren gemischten Salat mit einer Kombination von süßlichen, bittereren und pfefferigeren Geschmacksnoten.

ANREGUNGEN FÜR IHR SALATBEET

~ Romanasalat
~ Friséesalat
~ Radicchio
~ Rucola
~ Petersilie
~ Minze
~ Senfkohl
~ Koriander

ALLZWECK-DRESSING

FÜR 4–6 PERSONEN

30 ml Olivenöl extra vergine
30 ml Crema di Balsamico oder, für ein weniger süßes Dressing, roher Apfelessig
1 EL Honig
1 Knoblauchzehe, durchgepresst
1 Stück (2 cm) frische Kurkuma, gerieben
1 Stück (1 cm) frischer Ingwer, gerieben
Saft von 1 kleinen Zitrone
1 Msp. Chilipulver (nach Belieben)
Salz und frisch gemahlener schwarzer Pfeffer

Die Zutaten in ein sauberes Schraubglas füllen, das Glas gut verschließen und kräftig schütteln. Das Dressing bis zum Gebrauch in den Kühlschrank stellen. Gekühlt ist es einige Tage haltbar.

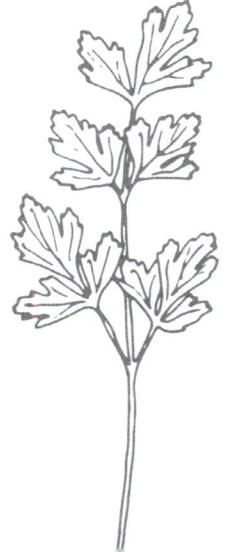

Mini-Kräuterbeet

Kräuter sind nicht nur etwas für Salate und andere Gerichte, man kann daraus auch Kräuterschnaps herstellen oder Cocktails eine besondere Note verleihen (siehe die nächste Doppelseite). Und mit so einem Kräuterbeet haben Sie jederzeit, wenn Ihnen danach ist, die Möglichkeit, sich ganz spontan eine Happy Hour zu gönnen. Bohren Sie einfach ein paar Löcher in den Boden eines großen Kupferkessels, einer Emailschüssel oder einer alten Holzkiste und füllen Sie sie mit Bio-Komposterde. Besorgen Sie sich eine Auswahl an Kräutersämlingen und pflanzen Sie diese ein. So ein Mini-Kräuterbeet ist – vielleicht zusammen mit einer Flasche Kräuterschnaps – auch ein wunderbares Geschenk.

ANREGUNGEN FÜR IHR KRÄUTERBEET

- Salbei
- Minze (sehr zu empfehlen ist Schokoladenminze)
- Rosmarin
- Basilikum
- Zitronenthymian
- Zitronenmelisse
- Lavendel

*Diese Kräuter würden sich auch gut
für eine heiße Schokolade (Seite 104) oder
für Kräutertees eignen.*

Ein paar Kräuter-Cocktails

Ein Gin Tonic ist immer eine feine Sache. Mit ein paar frischen Kräutern lässt er sich noch ein wenig aufpeppen, und schon hat man das Gefühl, man sei in einer schicken Bar und nicht nur im eigenen Garten.

SMASH MIT BASILIKUM UND ZITRONENTHYMIAN

FÜR 1 PERSON

15 ml Zuckersirup (siehe unten)
2 Zweige Zitronenthymian plus 1 Zweig zum
  Dekorieren
Blätter von 1 Bund Basilikum plus ein paar Blätter
  zum Dekorieren
25 ml frisch gepresster Limettensaft
5 cl Gin
Eis

Für den Sirup Zucker mit der gleichen Menge Wasser bei mittlerer bis starker Hitze in einer kleinen Stielkasserolle erhitzen, bis sich der Zucker aufgelöst hat. Den Sirup anschließend abkühlen lassen. Wenn Sie häufiger Cocktails trinken, lohnt es sich, gleich eine größere Menge Zuckersirup herzustellen. In einer sterilisierten Flasche ist er lange haltbar.

Den Zitronenthymian, das Basilikum und den Limettensaft in einen Cocktailshaker geben und die Kräuter vorsichtig mit einem Stößel zerdrücken. Den Zuckersirup und den Gin dazugeben und das Ganze mit Eis auffüllen. Etwa 20 Sekunden kräftig schütteln und durch ein Barsieb (ersatzweise eignet sich dafür auch ein Teesieb sehr gut) in ein gekühltes, mit Eis gefülltes Glas abgießen. Mit Basilikum und Zitronenthymian garnieren und genießen.

SPRITZ MIT SALBEI UND HONIG

FÜR 1 PERSON

60 ml Honig
4,5 cl Gin
30 ml Zitronensaft
2–3 Salbeiblätter
Sodawasser
Eis

Für den Sirup den Honig mit 60 ml Wasser bei geringer Hitze in einer kleinen Stielkasserolle erhitzen, bis er sich aufgelöst hat. Anschließend den Honigsirup abkühlen lassen.

Den Gin mit dem Zitronensaft, den Salbeiblättern und dem Sirup in einen Cocktailshaker geben. Das Ganze mit Eis auffüllen und etwa 20 Sekunden lang kräftig schütteln. Den Cocktail durch ein Barsieb in ein gekühltes Glas abseihen und mit etwas Eis und Sodawasser auffüllen. Die Salbeiblätter zusammendrehen und das Glas damit dekorieren.

COCKTAIL MIT ZITRONENMELISSE, MINZE UND WODKA

FÜR 1 PERSON

Für den Zitronenmelissezucker

4 EL Rohrohrzucker
8–10 Zitronenmelisseblätter
1 Stück (2 cm) Zitronenschale

Für die Cocktail-Basis

1 Zitronenschnitz
6 cl Wodka
30 ml Zitronensaft
Eis

Zum Dekorieren

2 Stängel Minze
2 Stängel Zitronenmelisse

Für den Zitronenmelissezucker den Zucker mit
der Zitronenmelisse und der Zitronenschale in einer
Gewürzmühle oder einem Mörser fein mahlen.

In einer kleinen Stielkasserolle 3 Esslöffel des Zuckers
bei mittlerer Hitze mit 3 Esslöffeln Wasser erhitzen, bis
sich der Zucker aufgelöst hat. Den Sirup abkühlen lassen und bis zum Gebrauch in den Kühlschrank stellen.

Die restliche Zuckermischung auf einen kleinen Teller
streuen. Den Rand eines Cocktailglases mit der Zitro-
nenspalte einreiben. Den Glasrand in der Zuckermischung drehen und das Glas bis zum Gebrauch
in den Kühlschrank stellen.

Den Wodka mit dem Zitronensaft und 1 Esslöffel
Sirup in einen mit Eis gefüllten Cocktailshaker geben
und diesen kräftig schütteln. Den Cocktail in das Glas
abseihen, mit Minze und Zitronenmelisse garnieren.

LIMONCINO-SPRITZ

FÜR 1 PERSON

5 cl Limoncino (Rezept siehe Seite 102)
150–200 ml Sodawasser oder Ginger Beer
  (Rezept siehe Seite 101)
1 Handvoll Zitronenmelisseblätter
Eis
dünne Zitrusschalenstreifen zum Dekorieren

Den Limoncino mit dem Sodawasser oder dem Ginger Beer in ein großes Schraubglas gießen und die
Zitronenmelisseblätter hinzufügen. Das Glas gut verschließen und kräftig schütteln. Den Cocktail in ein
mit Eis gefülltes Cocktailglas gießen und mit den Zitrusschalen garnieren. Achten Sie darauf, die weiße
Haut vollständig von den Schalen zu entfernen.

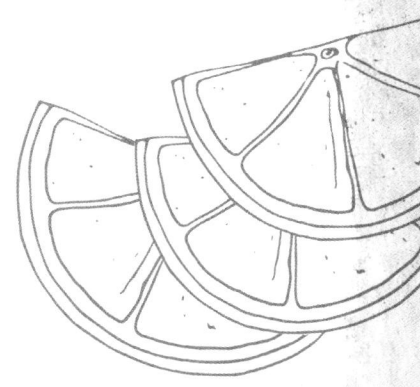

ZEHN DINGE, DIE MAN MIT KAFFEEMEHL MACHEN KANN

Täglich werden auf der Welt mehr als 2,25 Milliarden Tassen Kaffee getrunken. Das ist eine beträchtliche Menge. Doch das Kaffeemehl, das im Filter zurückbleibt, wird meist ohne viel nachzudenken weggeworfen. Dabei lässt sich das Kaffeemehl doch auf vielfältige Weise weiterverwerten, und das nicht nur im Garten. Im Folgenden habe ich Ihnen einige mögliche Verwendungen zusammengestellt.

1. Reichern Sie Ihren Komposthaufen mit Kaffeemehl an. Kaffeemehl enthält sehr viel Stickstoff, den der Kompost benötigt. Aber übertreiben Sie es nicht, denn der Kompost sollte ausgewogen sein, und Kaffee ist säurehaltig.

2. Streuen Sie das Kaffeemehl um Ihre Pflanzen, um Schädlinge fernzuhalten. Ameisen und Schnecken mögen es gar nicht, darüberkrabbeln zu müssen.

3. Es heißt, wild lebende und streunende Katzen verabscheuten Kaffee und würden, wenn man Kaffeemehl an einigen Stellen verteilt, den Garten in Zukunft meiden.

4. Um Gerüche im Kühlschrank zu beseitigen, ein kleines Gefäß mit Kaffeemehl hineinstellen. Ähnlich wie Natron hat es die Eigenschaft, unangenehme Gerüche zu absorbieren.

5. Ein kleines Gefäß mit Kaffeemehl in den Gemeinschaftsräumen aufgestellt beseitigt ebenfalls schlechte Gerüche.

6. Verwenden Sie Kaffeemehl bei der Kerzenherstellung, und Ihr ganzes Haus duftet nach Kaffee.

7. Kaffeemehl als Peeling für Gesicht und Körper verwenden. Der Kaffee regt die Blutzirkulation an und hilft bei der Bekämpfung von Cellulitis.

8. Aromatisieren Sie selbst gemachte Seife mit Kaffeemehl, und Sie werden den ganzen Tag nach Kaffee duften.

9. Schuppen lassen sich beseitigen, wenn man vor dem Shampoonieren Kaffeemehl in die Haare einmassiert.

10. Schnittblumen halten länger, wenn man etwas Kaffeemehl in die Vase gibt.

Mini-Gewächshaus

Ein kleines Gewächshaus selbst zu machen, ist ganz einfach, und es lässt sich mit allem Möglichen bepflanzen, was so um das Haus herum wächst. Und es lässt sich, egal, wie viel Platz man hat oder wo man lebt, problemlos pflegen. Gelegentlich etwas Wasser, und Ihr Gewächshaus hält (fast) ein Leben lang. Genau das Richtige also für all jene, die ihren Zimmerpflanzen regelmäßig den Garaus machen.

Suchen Sie sich als Erstes ein geeignetes Gefäß, das idealerweise durchsichtig und geschlossen sein sollte. Glas sieht sehr schön aus, es kann aber auch ein alter Topf, ein Einmachglas oder eine Teetasse sein. Ob es offen, halb offen oder geschlossen sein soll, richtet sich danach, womit Sie es bepflanzen wollen, denn jede Pflanze hat spezielle Bedürfnisse. Besonders anspruchslos sind Kakteen und Sukkulenten. Soll das Gewächshaus an einem sonnigen Ort stehen, eignet sich am besten ein offenes Gefäß. Für Pflanzen wie Efeu, die am besten in einem feuchten Klima gedeihen, empfiehlt sich dagegen ein geschlossenes Gefäß. Achten Sie auch darauf, die richtige Erde zu verwenden, und wählen Sie langsam wachsende Pflanzen, damit Ihr Gewächshaus nicht überwuchert wird.

Informieren Sie sich, wie viel Wasser die Pflanzen benötigen, die Sie ausgesucht haben. In der Regel müssen Pflanzen in einem geschlossenen Gefäß gar nicht gegossen werden. Pflanzen in offenen Gefäßen sollten etwa zweimal wöchentlich Wasser bekommen. Gewächshauspflanzen gedeihen am besten in direktem Sonnenlicht – vorausgesetzt, sie werden regelmäßig gegossen. Wichtig ist auch, welke Blätter regelmäßig zu entfernen.

Laden Sie Vögel und Insekten zu sich ein

Im eigenen Garten oder auf dem Balkon etwas für den Erhalt der Artenvielfalt zu tun, ist nicht nur aus ökologischer Sicht wichtig, auch Sie selbst werden davon profitieren, denn es bringt Freude in Ihren Alltag. Dafür reichen oft schon so einfache Dinge wie eine Futterstelle für Vögel und ein Insektenhotel. Alles, was man dafür braucht, findet man in der Küche oder im Schuppen, bei einem Spaziergang im Park oder im Garten eines Freundes. Von dem Insektenhotel hörte ich zum ersten Mal bei einem Workshop, den ich gemeinsam mit meinem lieben Freund Costa veranstaltete. Er zeigte einer Gruppe von Schulkindern, wie man so ein Insektenhotel macht, und sie waren begeistert. Inzwischen bastle ich diese einfachen Dinge bei jedem Workshop mit Kindern. Sie werden staunen, wie schnell Ihr Garten oder Ihr Balkon von Vögeln und Bienen bevölkert sein wird.

EINE FUTTERSTELLE FÜR VÖGEL

Alles, was Sie dafür brauchen, ist ein Behältnis für das Futter. Es sollte vor Wind und Wetter geschützt sein und den kleinen Vögeln die Möglichkeit bieten, bequem daraus zu fressen. Oft reicht dafür schon eine alte Tasse oder Untertasse, etwas Sekundenkleber und ein kleines Seil oder Band, um das Gefäß an einem Baum oder einem Pfosten zu befestigen. Lassen Sie Ihrer Kreativität einfach freien Lauf.

EIN INSEKTENHOTEL

Alles, was Sie für Ihre kleinen Gäste brauchen, ist ein, an dem sie Schutz finden können. Ein paar Zweige, Äste oder Holzstücke, in die Sie Löcher gebohrt haben – mehr benötigen die Insekten nicht. Binden Sie diese einfach zu einem Bündel zusammen und hängen Sie sie am Zaun oder in einem Baum auf. Für Bienen nimmt man am besten einen Holzklotz, in den man 5 cm große Löcher bohrt.

Kränze

Ein selbst gemachter Kranz ist nicht nur etwas für die Weihnachtszeit, er ist auch sonst ein schöner Blickfang für die Haus- oder Woh-
nungstür bzw. für den Tisch. Alles, was Sie dafür benötigen, sind ein
Kranz-Rohling, etwas Schnur und ein wenig Kreativität. Aus Zwei-
gen, Blättern, Blumen und Nüssen können Sie so Ihren ganz indivi-
duellen Kranz kreieren. Sehr zu empfehlen sind auch Kräuter, die
– ob frisch oder getrocknet – zusätzlich einen angenehmen Duft
verströmen. Den Kranz-Rohling können Sie immer wieder für neue
Kreationen verwenden und ihn je nach Jahreszeit neu dekorieren.

SIE BRAUCHEN:

einen Kranz-Rohling (über das
Internet, in Gartencentern,
Blumen- und Bastelgeschäf-
ten erhältlich)
Schnur
Dekorationsmaterial Ihrer Wahl,
z.B. holzige Kräuter (wie Ros-
marin), Zweige (mit Blättern),
Blumen und Blüten, Nüsse

Überlegen Sie zunächst, ob sich das wichtigste Element des Kranzes
unten oder auf der Seite befinden soll. Sie können den gesamten Ring
mit Dekorationselementen bestücken oder die Elemente lose darauf
verteilen. Ich persönlich finde, der Kranz wirkt interessanter, wenn man
zwischen den einzelnen Elementen etwas Platz frei lässt, und ich positio-
niere das wichtigste Element am liebsten am unteren Ende. Dort kommt
es, wie ich finde, am besten zur Geltung.

Arrangieren Sie die Blätter und Zweige – von innen nach außen arbei-
tend – rund um den Ring und befestigen Sie sie mit der Schnur. Zum
Schluss krönen Sie das Ganze mit dem Element, das den besonderen
Blickfang bilden soll.

*Verwenden Sie möglichst viele wohlriechende
Zweige und holzige Kräuter, damit Ihr
Kranz nicht nur schön aussieht, sondern auch
noch angenehm duftet.*

Schön & gesund

gesicht & Körper

ICH HABE MICH VIELE JAHRE LANG beruflich damit beschäftigt, was wir unserem Körper zuführen, und achtete auch bei mir selbst stets darauf, was ich esse. Ich wollte einfach sicher sein, dass meine Lebensmittel aus Quellen stammten, die ethisch vertretbar sind. Erst vor einiger Zeit wurde mir bewusst, dass dieses Prinzip nicht nur für die Nahrung gelten sollte, sondern auch für all das, womit wir unseren Körper äußerlich behandeln. Deshalb fing ich nach und nach an, meine eigenen Rezepturen für Hautpflegeprodukte zu entwickeln. Eine Zeit lang sah meine Wohnung aus wie ein Labor – jedes freie Plätzchen war mit irgendwelchen Gläsern und Flaschen belegt.

Jeder Hauttyp verlangt nach einem anderen Pflegeprodukt, deshalb müssen Sie am Anfang vielleicht erst einmal etwas herumprobieren, bis Sie herausgefunden haben, was für Sie das Richtige ist. Halten Sie sich also einfach an das Grundrezept und experimentieren Sie nach Lust und Laune mit verschiedenen Aromen und Mischungen. Einige der folgenden Rezepturen werden das eine oder andere alte Produkt überflüssig machen, andere vielleicht nicht. Mir ist nur wichtig, Ihnen zu zeigen, dass es immer eine Alternative zur industriell hergestellten Massenware gibt und dass Sie jederzeit in der Lage sind zu kontrollieren, was Sie Ihrem Körper zuführen – innerlich wie äußerlich.

Damit die Produkte, die ich Ihnen im Folgenden vorstelle, nichts an Qualität einbüßen, sollten Sie immer nur kleine Mengen davon herstellen und sie nicht zu lange lagern.

EIN PAAR TIPPS

~ Ölhaltige Produkte stets in dunkel getönten Flaschen aufbewahren und vor direktem Sonnenlicht schützen, damit sie nicht oxidieren.

~ Wenn Kokosfett verwendet wird, muss dieses in der Regel zuvor erwärmt und verflüssigt werden.

~ Besonders zu empfehlen ist roher, nicht aromatisierter Honig, möglichst aus heimischer Erzeugung (Honig kann auch bei Asthma und Heuschnupfen helfen).

~ Sterilisieren Sie die Flaschen stets vor dem Befüllen. Die Produkte sind dann länger haltbar.

~ Anstelle von gefiltertem Wasser kann auch abgekochtes und danach abgekühltes Leitungswasser verwendet werden.

~ Ist ein bestimmtes Nussöl angegeben, kann dieses problemlos durch ein anderes Nussöl ersetzt werden. Kokosfett sollte allerdings, sofern nichts anderes angegeben ist, nicht durch Olivenöl ersetzt werden. Gegebenenfalls müssten dann die Mengen entsprechend angepasst werden, um ein gutes Ergebnis zu erzielen.

~ Wo Zucker verwendet wird, nach Möglichkeit keinen weißen Industriezucker nehmen. Mit Roh- oder Kokosblütenzucker erzielt man in der Regel das gleiche Resultat.

~ Bei Salzen darauf achten, dass sie nicht zu stark verarbeitet sind (jodiertes Tafelsalz ist normalerweise verarbeitet). Sie können jedes gute Meer- oder Murray-River-Salz nehmen. Salzflocken sind ebenfalls hervorragend geeignet, weil sie gleichzeitig einen Peelingeffekt haben. Steinsalz ist unter Umständen sehr hart und sollte vor dem Gebrauch noch einmal gemahlen werden.

~ Achten Sie darauf, dass Kräuter und Blüten ungespritzt sind. Sie wollen ja schließlich keine Chemie auf der Haut.

~ Und denken Sie immer daran: Ich bin keine Medizinerin. Deshalb ist es ratsam, neue Produkte vor dem Gebrauch immer erst auf einer kleinen Hautpartie (z.B. am Handgelenk) zu testen. Sollten sich unerwünschte Hautreaktionen einstellen, das Produkt keinesfalls weiterverwenden und ärztlichen Rat einholen.

Anti-Aging-Gesichtsserum

FÜR 1 ANWENDUNG
1 TL Vitamin-C-Pulver
2 TL gefiltertes Wasser

Aufgrund seiner antioxidativen Eigenschaften und seiner Fähigkeit, die Kollagenschicht der Haut zu reparieren, ist Vitamin C ideal zur Gesunderhaltung der Haut und für die Zellerneuerung. Ein Schönheitsserum ist in der Regel sehr teuer – mit diesem selbst gemachten Serum erzielen Sie die gleiche Wirkung zu einem weitaus geringeren Preis. Vitamin C in Pulverform ist in Apotheken, Reformhäusern oder über das Internet erhältlich. Achten Sie aber darauf, dass es sich um ein Naturprodukt handelt. Das Serum sollte erst unmittelbar vor dem Gebrauch hergestellt werden.

Das Vitamin-C-Pulver im Wasser auflösen. Das Serum vor dem Zubettgehen und vor dem Auftragen der Feuchtigkeitscreme in kreisenden Aufwärtsbewegungen auf die gereinigte Haut auftragen.

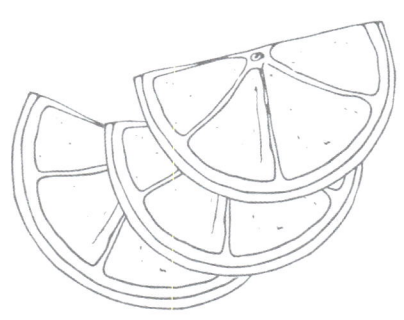

Rosengesichtswasser mit Honig

Die Kombination von Honig und Rosen duftet nicht nur wunderbar, sie hat auch eine hervorragende heilende Wirkung und eignet sich gut als Anti-Aging-Mittel. Honig wirkt antibakteriell und hat einen sanften Peelingeffekt. Reinigen Sie die Haut nach dem Waschen und vor dem Auftragen der Feuchtigkeitscreme damit. Ich habe stets ein Fläschchen davon in meiner Handtasche. So kann ich mein Gesicht unterwegs jederzeit erfrischen oder meine Haut auf Reisen vor dem Austrocknen schützen. Die Haut fühlt sich danach weich an und duftet ganz wunderbar. Anstelle von Rosenöl kann man auch Lavendel- oder Pfefferminzöl nehmen.

ERGIBT 150 ML

1 TL Rohhonig
10 EL warmes gefiltertes Wasser (nicht zu heiß!)
6–8 Tropfen Rosenöl
1 TL Rosenwasser
½–1 TL Apfelessig (nach Belieben)

eine Flasche mit Deckel oder eine Sprühflasche

Den Honig im warmen Wasser auflösen und gut umrühren. Das Rosenöl und das Rosenwasser einrühren. Zum Schluss nach Belieben noch den Essig hinzufügen. Er wirkt besonders erfrischend und trägt dazu bei, Rückstände von der Haut zu entfernen. Wenn Sie es als Gesichtsspray benutzen wollen, den Essig weglassen. Dann das Gesichtswasser in die Flasche füllen und im Kühlschrank aufbewahren. Gekühlt ist es bis zu 3 Monate haltbar.

Die Flasche vor Gebrauch schütteln und das Gesichtswasser mit einem Wattepad auftragen oder direkt auf die Haut sprühen.

Augen-Make-up-Entferner

Spieglein, Spieglein an der Wand ... Die Augenpartie ist besonders empfindlich, denn die Haut um die Augen ist sehr dünn. Deshalb bedarf dieser Teil des Gesichts besonderer Pflege. Aber manchmal, wenn es abends spät geworden ist, kostet es einige Überwindung, das Augen-Make-up zu entfernen. Mit diesem Entferner ist das jedoch mit einem Wisch erledigt – und Sie kommen schneller ins Bett. Er eignet sich aber ebenso gut zum Entfernen des Gesichts-Make-ups. Einfach einen Teelöffel voll auf einen Wattepad geben und in sanften, kreisenden Bewegungen von außen nach innen auf die Haut auftragen.

ERGIBT 300 ML

10 EL alkoholfreies Hamameliswasser
10 EL Oliven-, Nuss- oder Aprikosenkernöl

eine sterilisierte Glasflasche

Die Zutaten in die Glasflasche füllen und verrühren. Die Flasche vor Gebrauch schütteln. An einem trockenen, lichtgeschützten Ort ist der Augen-Make-up-Entferner bis zu 3 Monate lang haltbar.

*Das Rosengesichtswasser mit Honig ist
besonders für fettige Haut geeignet. Haben
Sie eine trockene Haut, fügen Sie noch
1 Teelöffel Kokosfett hinzu.*

grüntee-Spirulina-gesichtsmaske

Zucker-gesichtspeeling

Sowohl dem grünen Tee als auch der Spirulina-Alge sagt man nach, sie verlangsamten den Alterungs-prozess. Also verwöhnen Sie Ihr Gesicht so oft wie möglich mit dieser Maske und genießen dabei eine Tasse grünen Tee. Der grüne Tee kann auch durch Pfefferminz- oder Kamillentee ersetzt werden.

FÜR 1 MASKE

1 Beutel grüner Tee
2 TL gemahlene Spirulina-Algen

Den Tee in einer Tasse aufbrühen und 4–5 Minuten ziehen lassen. Sie benötigen lediglich 6–8 Tropfen kalten Tee. Trinken Sie also am besten den Tee bis auf einen kleinen Rest. Das Spirulina-Pulver mit dem Tee zu einer Paste verrühren. Die Maske auf das Gesicht streichen und 20 Minuten einwirken lassen. Anschließend mit warmem Wasser und einem Waschlappen abwaschen.

Nach einem langen Tag ist ein Gesichtspeeling eine wahre Wohltat. Hautschüppchen lassen vor allem die Gesichtshaut oft sehr rau erscheinen. Viele der handelsüblichen Peelings enthalten außerordentlich umweltschädliche Mikropartikel. Nicht so dieses sanfte, absolut umweltverträgliche Peeling, das zudem den Vorteil hat, dass Sie die Zutaten vielleicht sogar in Ihrem Küchenschrank vorrätig haben. Für ein Körperpeeling nehmen Sie einfach die dreifachen Zutatenmengen.

FÜR 1 ANWENDUNG

4 TL Kokosblütenzucker-Granulat
4–6 Tropfen gefiltertes Wasser
2–4 Tropfen Orangen-, Zitronen- oder Lavendelöl

Die Zutaten in einer kleinen Schüssel verrühren und die Mischung mit den Fingerspitzen sanft in die ge-reinigte Haut einmassieren. Die Augenpartie dabei aussparen. Das Peeling anschließend mit kaltem Wasser abspülen und die Haut mit einem sauberen Handtuch trocken tupfen. Das Peeling am besten alle paar Tage anwenden.

Ideal bei Cellulitis ist ein Körperpeeling mit Kaffeemehl. Dazu die oben angegebenen Mengen verdrei-fachen und noch 1 Esslöffel Kaffeemehl sowie 1–2 Tropfen Wasser hinzufügen.

Blaubeer-Honig-Maske

Blaubeeren sind reich an Antioxidantien, Honig wirkt antibakteriell, und beides müssen Sie nicht einmal essen, um von diesen gesundheitlichen Vorzügen zu profitieren. Denn mit dieser super einfachen Maske gelangen die Inhaltsstoffe direkt in Ihre Haut. Idealerweise sollte man zwar frische Blaubeeren verwenden, aufgetaute tiefgefrorene Früchte sind aber ebenso geeignet.

FÜR 1–2 ANWENDUNGEN

100 g frische Blaubeeren
2 EL Rohhonig
2 EL Roh- oder Kokosblütenzucker

Die Zutaten in einer kleinen Küchenmaschine glatt rühren. Das gereinigte Gesicht dick mit der Mischung bestreichen und die Maske 15 Minuten einwirken lassen. Anschließend mit warmem Wasser abwaschen. Die Maske am besten sofort oder innerhalb weniger Tage verbrauchen und im Kühlschrank aufbewahren. Ich würde Ihnen empfehlen, Ihr Gesicht 1–2-mal pro Woche mit dieser Maske zu behandeln. Sie können die Einwirkzeit ja dazu nutzen, sich ein wenig hinzulegen, denn die Maske kann tropfen.

Das Beste an dieser Maske ist, dass sie essbar ist und ganz köstlich schmeckt. Wenn Ihnen also etwas davon in den Mund läuft, während Sie darauf warten, dass die Maske ihr Wunderwerk tut, haben Sie gleich in doppelter Hinsicht etwas davon.

Körperbutter mit Macadamia-Öl und Vanille

Es würde mich nicht wundern, wenn Sie sich diese Butter lieber auf das Brot statt auf Ihre Haut streichen würden. Aber auch das Gefühl von seidiger Glätte, das sie dort hinterlässt, wird Sie begeistern.

ERGIBT 250 G

60 g Sheabutter
60 g Kakaobutter
60 ml Macadamia-Öl (oder ein anderes leichtes Nussöl, z.B. Mandelöl) oder Olivenöl
4 EL Kokosfett (erwärmt und verflüssigt)
8 Tropfen Vanilleöl

Die Zutaten – bis auf das Vanilleöl – in einen Turmtopf geben und langsam erhitzen. Sie können aber auch eine hitzebeständige Schüssel nehmen und diese auf einen Topf mit siedendem Wasser stellen. Die Mischung unter Rühren schmelzen lassen. Sobald sie flüssig ist, das Vanilleöl einrühren.

Die Butter etwas abkühlen lassen und danach 30–60 Minuten in den Kühlschrank stellen, bis sie oben fest, aber nicht hart wird.

Anschließend die Butter 8–10 Minuten mit dem Handmixer oder im Standmixer zu einer lockeren, cremigen Masse aufschlagen.

Zuletzt die Butter in ein Schraubglas oder einen luftdicht verschließbaren Behälter füllen und bei Raumtemperatur aufbewahren. Dabei darauf achten, dass die Temperatur 25 °C nicht übersteigt, sonst schmilzt die Butter. Es sollte jedoch auch nicht zu kalt sein, sonst wird sie fest. Wenn es bei Ihnen sehr heiß ist, stellen Sie sie am besten in den Kühlschrank. Die Butter innerhalb von 2 Monaten verbrauchen.

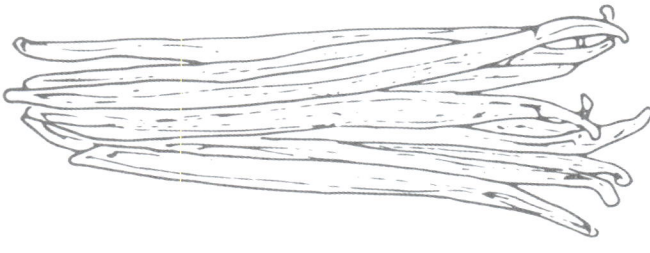

Das Vanilleöl dient lediglich als Duftstoff und kann durch jedes andere ätherische Öl Ihrer Wahl ersetzt werden.

Badesalze

Es geht einfach nichts über ein wohlig warmes Bad. Epsom-Salz besteht aus Magnesium und Sulfat und wird bereits seit mehr als hundert Jahren zur Behandlung von Gelenk- und Muskelschmerzen eingesetzt. In der Kombination mit dem stark kalium- und jodhaltigen Meersalz gelangen diese Mineralstoffe direkt in die Haut und unterstützen so die Heilung von Dermatitis und Entzündungen. Die ätherischen Öle wirken stressmindernd und tragen zur Verbesserung des allgemeinen Wohlbefindens bei.

LAVENDEL-PFEFFERMINZ-BADESALZ

Die beiden ätherischen Öle fördern die Entspannung, deshalb nimmt man dieses Bad am besten vor dem Zubettgehen oder am Wochenende.

ERGIBT 700 G
(ausreichend für 7 Bäder)
600 g Epsom-Salz
75 g Meersalz
160 g Natron
20 Tropfen Lavendelöl
10 Tropfen Pfefferminzöl

Die Zutaten in einer kleinen Schüssel mischen. Das Salz in ein Schraubglas oder einen luftdicht verschließbaren Behälter füllen. Es ist bis zu 3 Monate haltbar. Geben Sie bei laufendem Wasser etwa 100 g davon in die Wanne.

ROSMARIN-ZITRONEN-BADESALZ

Rosmarin soll kräftigend und angstlösend wirken, die Zitrone hingegen wirkt belebend. Beide zusammen ergeben ein stresslösendes Bad, nach dem man sich wie neugeboren fühlt.

Das Badesalz wie links beschrieben herstellen, die ätherischen Öle jedoch durch 20 Tropfen Zitronenöl (oder die abgeriebene Schale von 1 Zitrone) und 1 fein gehackten Rosmarinzweig ersetzen.

Wenn Sie sich besonders verwöhnen möchten, streuen Sie noch Blüten in Ihr Bad.

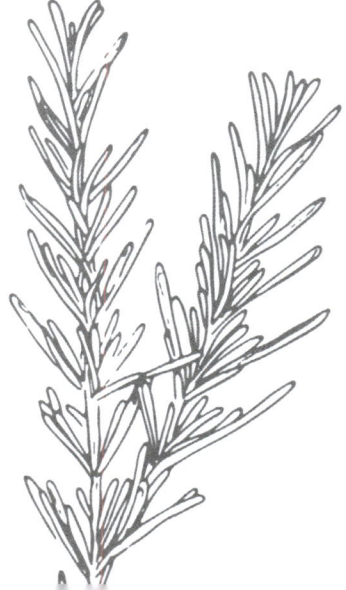

Badekugeln

Badekugeln oder -tabletten sind ein großartiges, selbst gemachtes Geschenk: einfach herzustellen und in einem luftdicht verschlossenen Behälter mehr als ein Jahr lang haltbar. In einem dekorativen Glas auf dem Wannenrand tragen sie zudem zur Verschönerung des Badezimmers bei, und neben dem Badespaß tun Sie mit den darin enthaltenen Salzen und Ölen auch noch Ihrem Körper etwas Gutes.

ERGIBT, JE NACH GRÖSSE,
2–4 KUGELN

50 g Pfeilwurzelstärke

115 g Natron

50 g Zitronensäure

50 g Epsom-Salz

1 TL ätherisches Öl Ihrer Wahl

1¼ TL Olivenöl

1–2 Tropfen natürliche Lebensmittelfarbe (siehe Seite 92)

Kugelformen oder Eiswürfelbehälter (am besten aus Silikon; Formen für Badekugeln kann man über das Internet beziehen)

Die ersten vier Zutaten in einer Schüssel mit dem Schneebesen oder einer Gabel verrühren und dabei eventuelle Klümpchen beseitigen. Die übrigen Zutaten mit 1–1 ½ Teelöffeln Wasser in einem kleinen Schraubglas verrühren. Die flüssige Mischung langsam (damit es nicht schäumt) über die trockene Mischung gießen und dabei laufend mit dem Schneebesen rühren. Sobald sich beides gut vermischt hat, einen kleinen Klumpen davon in die Hand nehmen und zusammenpressen. Er sollte dann in ein oder zwei großen Stücken gut zusammenhalten. Ist dies nicht der Fall, noch etwas Wasser hinzufügen und die Probe noch einmal wiederholen.

Die beiden Hälften der Kugelformen bis knapp unter den Rand mit der Mischung füllen und beide Hälften zusammenpressen. Wenn Sie eine offene Form verwenden, die Form einfach mit der Mischung füllen und stehen lassen. Die Mischung etwa 10 Minuten trocknen lassen, bevor Sie die eine Hälfte der Kugelform abnehmen. Dann die Kugel vorsichtig umdrehen, sodass die obere Hälfte der Form zu Ihnen zeigt, und diese abheben. Arbeiten Sie dabei ganz vorsichtig, denn die Kugelhälften zerfallen sehr leicht. Falls das geschieht, drücken Sie den Inhalt vorsichtig wieder zurück in die Form oder geben Sie diesen zurück in die Schüssel und beginnen nochmal von vorn.

Haben Sie alle Badekugeln aus den Formen gelöst, müssen diese über Nacht trocknen. Die fertigen Kugeln in einem luftdicht verschlossenen Behälter an einem trockenen Ort aufbewahren. Pro Bad 1–2 Kugeln bei laufendem Wasser in die Wanne geben.

Zum Verschenken eine Mischung verschiedenfarbiger Badekugeln mit ein paar getrockneten Blüten oder etwas Lavendel in ein dekoratives Glas füllen.

Massageöl

Wenn die Muskeln oder Gelenke schmerzen, wenn Sie sehr ange-
spannt sind oder sich down fühlen, ist dieses Massageöl genau
das Richtige. Und wer lässt sich nicht gerne massieren? Schenken
Sie das Öl Ihrem oder Ihrer Liebsten und bitten ihn oder sie, es
an Ihnen auszuprobieren …

ERGIBT 250 ML

120 ml Traubenkern-, Oliven-
   oder ein leichtes Trägeröl
120 g Kokosfett (erwärmt und
   verflüssigt)
35 Tropfen Eukalyptusöl
35 Tropfen Lavendelöl
22 Tropfen Pfefferminzöl
20 Tropfen Ingweröl

eine dunkel getönte Flasche

Die beiden Öle mithilfe eines kleinen Trichters in die Flasche füllen.
Die ätherischen Öle hinzufügen.
Die Flasche gut verschließen und
kräftig schütteln. An einem kühlen,
lichtgeschützten Ort ist das Öl bis
zu 1 Jahr lang haltbar.

Dieses Massageöl eignet sich auch
hervorragend als Badeöl.

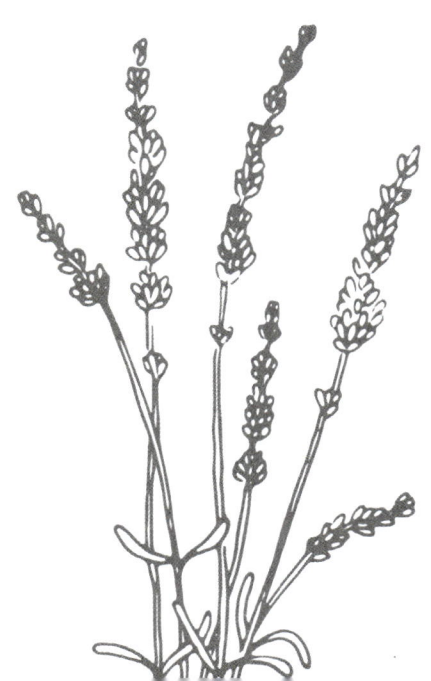

Körperpeelings

SALZPEELING MIT ROSMARIN

In Maßen ist Salz gut für den Körper – sowohl innen wie außen. Meiden sollten Sie allerdings industriell verarbeitetes jodiertes Salz. Ein gutes Salz ist reich an Magnesium, Kalium, Natrium und Calcium, Mineralstoffen, die die Zellerneuerung unterstützen. Direkt auf der Haut angewendet schützt es vor Entzündungen und Ausschlägen und sorgt für eine ausgeglichene Fettproduktion. Dieses Salzpeeling mit Rosmarin hat zudem eine belebende Wirkung.

ERGIBT 450 G

220 g qualitativ hochwertiges Salz
230 ml Jojoba- oder Nussöl
10 Tropfen Orangen- oder Zitronenöl oder eine
   Mischung aus beidem
1 Zweig Rosmarin, fein gehackt

In einer kleinen Schüssel das Salz mit dem Öl zur Paste verrühren. Die Mischung darf nicht flüssig sein. Ist sie zu dünn, etwas Salz hinzufügen. Das ätherische Öl langsam unterrühren und zum Schluss den Rosmarin untermischen. In einem Schraubglas oder einem luftdicht verschlossenen Behälter ist die Mischung bis zu 3 Monate haltbar. Eine Handvoll auf der angefeuchteten Haut verteilen, mit sanften kreisenden Bewegungen leicht einmassieren; dann abspülen. Nicht im Gesicht, im Intimbereich und auf gereizter Haut anwenden.

BANANEN-ZIMT-PEELING

Überreife Bananen sind nicht nur etwas für einen Kuchen. Allerdings werden Sie nach diesem Peeling so riechen. Ich finde zwar, Banane und Zimt sind ein ideales Paar, aber experimentieren Sie auch ruhig einmal mit anderen ätherischen Ölen.

FÜR 1 ANWENDUNG

1 sehr reife Banane
4 EL Roh- oder Kokosblütenzucker
4–6 Tropfen Zimtöl oder 1 TL gemahlener Zimt
   (ich finde das Öl besser)

Die Banane in einer kleinen Schüssel grob zerdrücken. Den Zucker und das Zimtöl untermischen und die Mischung vor dem Duschen auf die Haut (nicht im Gesicht) auftragen. Gut einmassieren und danach abspülen.

KOKOSPEELING MIT HONIG UND MINZE FÜR GESICHT UND KÖRPER

Das Kokosfett hilft bei trockener Haut, der Honig wirkt antibakteriell und ist ein gutes Anti-Aging-Mittel, die Minze wirkt entzündungshemmend. Wenden Sie dieses Peeling am besten mehrmals in der Woche an – Ihr Körper wird es Ihnen danken.

ERGIBT 125 G

125 g Kokosblütenzucker
1 EL Kokosfett (erwärmt und verflüssigt)
1 EL Rohhonig
¼ TL Zitronensaft
½ Handvoll Pfefferminzblätter, in kleine Stücke
   gerissen

Den Zucker in einer kleinen Schüssel mit dem Kokosfett und dem Honig verrühren. Den Zitronensaft und die Minze untermischen. In einem Schraubglas oder einem luftdicht verschlossenen Behälter ist das Peeling 2 Wochen haltbar. Am besten wirkt es jedoch frisch zubereitet. Die Mischung esslöffelweise auf die Haut auftragen und mit kreisenden Bewegungen leicht einmassieren. Das Peeling kann beliebig oft angewendet werden.

Fußpeeling

Salz ist ein hervorragendes Mittel gegen Muskelverspannungen und -krämpfe. In Kombination mit der revitalisierenden Minze und dem Lavendel ist dieses Peeling genau das Richtige bei müden Füßen nach einem anstrengenden Arbeitstag. Magnesiumflocken wirken Wunder bei Schmerzen, Entzündungen und Muskelkrämpfen.

ERGIBT 300 G

300 g Epsom-Salz oder Magnesiumflocken

50 ml Oliven- oder Nussöl

1 TL flüssige Castile-Seife

10–15 Tropfen Pfefferminz- oder Lavendelöl (oder eine Mischung aus beidem)

In einer kleinen Schüssel das Salz mit dem Öl und der Seife verrühren. Zum Schluss das ätherische Öl unterrühren. Die Mischung in einem Schraubglas oder einem luftdicht verschließbaren Behälter aufbewahren. Bei Bedarf etwa 1 Teelöffel voll für die Füße oder den Körper verwenden und anschließend gut abspülen.

Deodorant

Ob dieses Deo auch bei Ihnen wirkt, kann ich Ihnen nicht versprechen. Ich selbst greife eher zu handelsüblichen Naturprodukten, aber einige meiner Freundinnen sind sehr zufrieden mit diesem und anderen selbst gemachten Deos. Vielleicht gehören ja auch Sie zu den Glücklichen, die stets angenehm riechen … Probieren Sie es einfach einmal aus. Jeder Mensch ist schließlich anders.

ERGIBT 150 G

50 g Natron

50 g Pfeilwurzelstärke

10 Tropfen ätherisches Öl (z.B. Teebaum-, Lavendel- oder Rosmarinöl)

4 EL Kokosfett (erwärmt und verflüssigt)

Das Natron mit der Pfeilwurzelstärke und dem ätherischen Öl zu einem glatten Brei verrühren. Nach und nach das Kokosfett einrühren, bis die Mischung die Konsistenz einer Paste hat, die sich gut auf die Haut auftragen lässt. Die Mischung in einem luftdicht verschlossenen Behälter aufbewahren, damit sie nicht austrocknet. In kleinen Mengen mit den Fingern in der sauberen Achselhöhle verstreichen.

Pfefferminzöl sorgt für eine reine Haut, regt die Blutzirkulation an, wirkt kühlend und erfrischend. Deshalb ist es genau das Richtige für müde Füße. Teebaumöl wirkt desodorierend und antifungal, eignet sich also hervorragend zur Bekämpfung von Fußgeruch.

Mundpflege

ZAHNPASTA

Die handelsüblichen Zahncremes enthalten künstliche Gele, Farbstoffe und eine lange Liste chemischer Zusatzstoffe. Zugegeben, mein Mund fühlt sich damit supersauber an, und es ist schwer, mit einer selbst gemachten Zahnpasta eine ähnliche Wirkung zu erzielen. Aber geben Sie dieser Zahncreme trotzdem eine Chance und sehen Sie, wie sich Ihr Mund nach dem Zähneputzen anfühlt. Ich bin keine Zahnärztin und kann nichts zu den langfristigen Vorzügen oder zur Wirkung sagen. Testen Sie die Zahncreme also einfach selbst einmal und warten Sie ab, was Ihr Zahnarzt bei Ihrem nächsten Besuch sagt.

ERGIBT 120 ML

8 EL Kokosfett (fest)
2 EL Natron
20 Tropfen Pfefferminzöl

Das Kokosfett in einer kleinen Schüssel mit einer Gabel zerdrücken, damit es weich wird. Nach und nach das Natron und zum Schluss das Pfefferminzöl untermischen. Die Mischung in ein sterilisiertes Schraubglas füllen. Eine kleine Menge davon mit einem sauberen Löffel auf die Zahnbürste geben und die Zähne wie gewohnt putzen. Die Zahnpasta ist bis zu 1 Monat lang haltbar.

MUNDWASSER

Wie bei der handelsüblichen Zahnpasta sind auch in den meisten Mundspülungen chemische Inhaltsstoffe enthalten, die ich nicht in meinem Mund haben mag. Herunterschlucken sollten Sie zwar auch dieses selbst gemachte Mundwasser nicht, aber wenn es doch einmal passiert, ist es nicht annähernd so schädlich wie bei einer gekauften Mundspülung.

ERGIBT 250 ML

250 ml gefiltertes oder destilliertes Wasser
2 EL Natron
2 Tropfen Teebaumöl
2 Tropfen Pfefferminzöl
1 Tropfen Zimtöl

Die Zutaten in einer kleinen Schüssel verrühren, die Mischung in eine Flasche füllen. Vor dem Gebrauch die Flasche gut schütteln. Das Mundwasser ist bis zu 2 Wochen lang haltbar. Verwenden Sie es möglichst regelmäßig und schlucken Sie es möglichst nicht herunter.

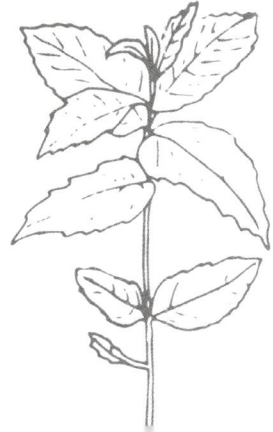

DIE HANDELSÜBLICHEN HAARPFLEGEPRODUKTE sind mitunter sehr teuer und enthalten vielfach jede Menge Silikone, synthetische Verbindungen, die einen großen ökologischen Fußabdruck hinterlassen. Und da Sie vermutlich weder die Zeit haben, die Angaben auf den Verpackungen genauestens zu studieren, noch im Detail wissen können, was sich hinter jedem einzelnen Inhaltsstoff verbirgt, kann die Suche nach einem ökologisch unbedenklichen Produkt zu einer außerordentlich schwierigen und frustrierenden Angelegenheit werden. Mit den folgenden selbst gemachten Alternativen können Sie nicht nur Geld sparen, sie verleihen Ihren Haaren darüber hinaus einen wundervollen Glanz, und sie sind, weil frei von Plastik und Chemikalien, gesundheitlich völlig unbedenklich. Möglicherweise schreckt Sie die Vorstellung, sich rohe Eier oder Öl in die Haare zu schmieren, ab. Aber keine Sorge: Wenn Sie das Ganze gründlich ausspülen, werden Sie hinterher keineswegs mit Rührei im Haar oder mit fettigen Haaren herumlaufen. Es ist lediglich eine großartige Möglichkeit, auf preiswerte, natürliche Zutaten zurückzugreifen, die sich in jedem Haushalt finden. Probieren Sie es einfach einmal aus, und sei es nur ab und an. Bei mir hat es einige Zeit gedauert, bis ich einen Unterschied feststellen konnte und meine Haare frei von den chemischen Rückständen waren, die sich im Lauf der Zeit dort festgesetzt hatten. Haben Sie also ein wenig Geduld, wenn Sie die selbst gemachten Produkte testen.

Haare & Make-up

Kokos-Haarpflege

KOKOS-ORANGEN-SHAMPOO (FÜR NORMALES HAAR)

Kokosmilch ist ein ausgezeichneter Feuchtigkeitsspender und macht Ihr Haar seidig weich. Und das Orangenöl verleiht ihm einen unwiderstehlichen Duft. Was will man mehr?

ERGIBT ETWA 120 ML
(je nach Haarlänge ausreichend für etwa 4 Haarwäschen)
60 ml Kokosmilch*
60 ml flüssige Castile-Seife
20 Tropfen Orangenöl
½ TL Oliven- oder Nussöl (nach Belieben; bei trockenem Haar)
*Bei Kokosmilch in Dosen hat sich häufig das Fett von der Flüssigkeit getrennt. Sie können entweder nur die Flüssigkeit verwenden oder die Dose kräftig schütteln, damit sich beides wieder vermischt, und anschließend die benötigten 60 ml abmessen. Im zweiten Fall bekommt das Shampoo eine dickere Konsistenz.

Die Zutaten in eine leere Shampooflasche oder ein Schraubglas füllen und kräftig schütteln. Das Shampoo vor jedem Gebrauch gut schütteln. Im Badezimmer aufbewahrt ist es bis zu 1 Monat haltbar.

KOKOS-CONDITIONER

Mit diesem wunderbaren Conditioner wird Ihr Haar besonders weich. Verwenden Sie zuerst als Feuchtigkeitsspender reines Kokosöl, das Sie anschließend mit der 50:50-Mischung aus Apfelessig und Wasser ausspülen. So wird das Haar wirklich sauber, und Kopfhautprobleme wie Schuppen werden gemildert. Die Säure entfernt das überschüssige Fett aus dem Haar und macht es schön glänzend. Behandeln Sie Ihr Haar einmal pro Woche mit diesem Conditioner.

FÜR 1 ANWENDUNG
1–2 TL Kokosfett
60 ml roher Apfelessig
10 Tropfen Salbeiöl (bei normalem Haar), Teebaumöl (bei fettigem Haar) oder Lavendelöl (bei Schuppen)

Das Kokosfett gegebenenfalls an einem warmen Ort schmelzen lassen. Den Essig mit der gleichen Menge Wasser und dem ätherischen Öl in ein Schraubglas füllen. Das Glas kräftig schütteln. Von der Essigspülung können Sie gleich eine größere Menge herstellen. Sie ist bis zu 1 Monat haltbar. Die Spülung vor dem Gebrauch schütteln.

Das flüssige Kokosfett in die Haarspitzen einmassieren und 1 Minute lang einwirken lassen. Gründlich mit warmem Wasser ausspülen und mit der Essigspülung nachspülen.

Jedes Haar ist anders. Deshalb müssen Sie eventuell erst ein wenig herumprobieren und die Rezepte den Bedürfnissen Ihres Haares anpassen, bis Sie die für Sie am besten geeignete Rezeptur gefunden haben.

Haarmasken

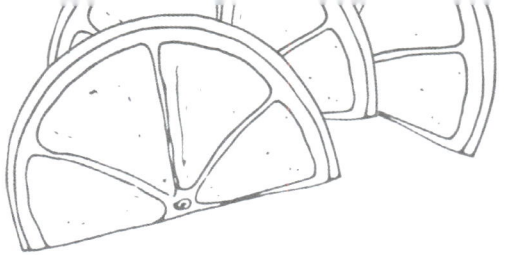

Alles, was Sie für eine Haarmaske benötigen, finden Sie in Ihrem Küchenschrank. Waschen Sie Ihr Haar zunächst und trocknen Sie es mit dem Handtuch. Dann massieren Sie die Zutaten direkt ins Haar ein. Wickeln Sie sich ein Handtuch um den Kopf oder setzen Sie eine Duschhaube auf. Lassen die Maske zwischen 10 und 60 Minuten lang einwirken und spülen Sie danach sorgfältig aus. Je nach Dicke und Länge Ihres Haares müssen Sie die Mengen gegebenenfalls anpassen.

OLIVENÖL EXTRA VERGINE

Olivenöl wurde schon vor Jahrhunderten als Heil- und Schönheitsmittel verwendet. In vielen Mittelmeerländern ist das bis heute so. Es eignet sich gut als Conditioner, weil es das Haar hydratisiert, was vor allem bei trockenen, spröden Haarspitzen von Vorteil ist.

60–120 ml

ZITRONE

Weil mir meine Mutter nicht erlaubte, die Haare zu färben, habe ich sie mir als Teenager mit Zitrone gebleicht. Zwanzig Jahre später mache ich das wieder so, denn regelmäßig angewendet hellt die Zitrone das Haar tatsächlich auf natürliche Weise auf. Wenn Sie aber mit der Zitrone nur etwas gegen fettiges Haar tun wollen (Zitrone schließt die Poren der Kopfhaut), verdünnen Sie das Ganze einfach im Verhältnis 50:50 mit Wasser.

Saft von 2–4 Zitronen

KOKOSFETT

Kokosfett ist reich an Fettsäuren. Es macht das Haar seidig weich und verleiht ihm einen natürlichen Glanz. Achten Sie aber darauf, dass es nicht mit der Kopfhaut, dem von Natur aus fettigsten Teil des Haares, in Berührung kommt und spülen Sie es gründlich aus. Kokosfett am besten über Nacht einwirken lassen.

1–4 Esslöffel

HONIG

Ein Hoch auf unsere Bienen. Honig enthält Vitamine und Mineralstoffe, wirkt antibakteriell, ist ein wunderbares Heilmittel und lässt sich für eigentlich alles verwenden, auch für die Haare. Als Maske angewendet versorgt er sie mit Feuchtigkeit und verleiht ihnen Glanz.

2–6 Esslöffel

EIER

Die proteinreichen Eier fördern das Haarwachstum. Verwenden Sie sie von Zeit zu Zeit als Spülung oder Masken. Beim Ausspülen darauf achten, dass das Wasser nicht zu heiß ist, sonst haben Sie am Ende Rührei im Haar. Die verquirlten Eier auf das nasse Haar auftragen, 20 Minuten einwirken lassen und anschließend mit kaltem Wasser ausspülen. Das Haar danach wie gewohnt waschen.

1–3 Eier

Haarkur mit Ei und Milch

Handelsübliche Haarkuren sind sehr teuer. Diese ist es nicht. Findet sich doch alles, was Sie dafür benötigen, in Ihrem Kühlschrank. Nach der Kur werden Sie sich fühlen, als kämen Sie gerade vom Friseur. Unsere Haare bestehen, ebenso wie Milchprodukte, zu einem großen Teil aus Proteinen. Deshalb sorgt diese Kur für gesundes, dickes und kräftiges Haar.

FÜR 1 ANWENDUNG

1–2 Eier (1 Ei bei kurzem, 2 Eier bei langem Haar)
125–250 ml Vollmilch (125 ml bei kurzem, 250 ml bei langem Haar)
2–4 TL Olivenöl (2 TL bei kurzem, 4 TL bei langem Haar)
1 TL Zitronensaft

Bei normalem Haar das ganze bzw. die ganzen Eier verwenden, bei eher fettigem Haar nur das Eiweiß und bei trockenem Haar nur das Eigelb.

Die Eier mit dem Schneebesen verschlagen. Die Milch und das Öl hinzufügen und alles kräftig mit dem Schneebesen verrühren. Zum Schluss den Zitronensaft unterrühren.

Die Mischung in die Kopfhaut, die Haare und die Haarspitzen einmassieren. Eine Duschhaube aufsetzen und die Kur 10 Minuten einwirken lassen. Anschließend gründlich mit kaltem, bestenfalls lauwarmem Wasser ausspülen und mit Shampoo waschen oder mit einer Apfelessigspülung nachspülen. Die Kur am besten einmal wöchentlich anwenden.

Detangler

Ich kann mich noch gut daran erinnern, wie ich als Kind gejammert habe, wenn meine Haare nach dem Waschen gebürstet wurden. Denn sie neigten schon damals dazu, zu verfilzen und Knötchen zu bilden. Ich wünschte, meine Mutter hätte damals diesen Detangler zum Entwirren der Haare gehabt – damit wäre das Haarewaschen keine solche Tortur gewesen.

ERGIBT 200 ML

2 EL roher Apfelessig
6–8 Tropfen Lavendelöl
200 ml destilliertes Wasser

eine 200-ml-Sprühflasche

Den Essig und das Lavendelöl mithilfe eines kleinen Trichters in die Sprühflasche füllen. Das Wasser hinzufügen. Die Flasche zuschrauben und schütteln. Die Mischung bei Bedarf in die Haarspitzen sprühen und die Haare ausbürsten. Im Badezimmer aufbewahren. Der Detangler ist bis zu 1 Jahr lang haltbar.

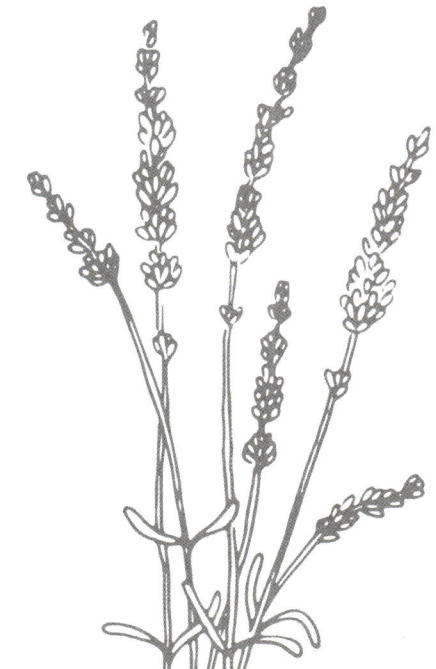

Ätherische Öle für das Haar

Ätherische Öle sind etwas Wunderbares, und zwar nicht nur wegen ihres intensiven Dufts. Jedes dieser Öle hat spezifische heilende Eigenschaften. Unter Umständen – etwa in der Schwangerschaft, bei Allergien oder Krankheiten – dürfen sie jedoch nicht angewendet werden. Prüfen Sie deshalb vorher genau, ob bei Ihnen irgendwelche Gründe vorliegen, die gegen eine Anwendung des betreffenden Öls sprechen.

Die hier aufgelisteten ätherischen Öle können Sie, Ihren persönlichen Bedürfnissen entsprechend, gegen die in den Rezepturen der Haarpflegemittel angegebenen austauschen.

FÜR BESSERES HAARWACHSTUM
Rosmarin

GEGEN SCHUPPEN
Lavendel

ZUR KRÄFTIGUNG DES HAARS
Jojoba

BEI TROCKENEM UND GESCHÄDIGTEM HAAR
Basilikum

BEI JUCKENDER, ENTZÜNDETER KOPFHAUT
Teebaumöl

Salzhaarspray

Perfekt für einen stylischen Wet-Look ist dieses absolut chemiefreie Haarspray, mit dem Sie Ihrem Haar Form und Halt verleihen können. Sprühen Sie es einfach auf das handtuchtrockene Haar und bringen Sie es anschließend in die gewünschte Form.

ERGIBT 250 ML
250 ml heißes (aber nicht kochendes) Wasser
2 TL Meersalz
1 EL Kokosfett, Macadamia-, Mandel- oder Arganöl

eine 250-ml-Sprühflasche

Die Zutaten verrühren und die Mischung in die Sprühflasche füllen. Die Flasche vor dem Gebrauch gut schütteln. Das Spray ist bis zu 3 Monate lang haltbar.

Natürliches Make-up

Die Riesenauswahl an Make-up-Produkten in den Geschäften kann einen regelrecht erschlagen, vor allem dann, wenn man nach umweltverträglichen Naturprodukten sucht. Make-ups, die voller chemischer Zusatzstoffe, Plastik, Silikone und wer weiß was noch allem stecken, findet man in den Regalen zuhauf, und nur allzu oft legen wir einen dieser Artikel nach dem anderen in unseren Einkaufskorb, ohne uns groß Gedanken zu machen. Anschließend bezahlen wir dann auch noch horrende Preise für diese künstlichen Schönheitsprodukte. Aber wer sein Make-up selbst macht, der tut damit seinem Körper nicht nur ebenso etwas Gutes wie mit einer gesunden Ernährung – auf lange Sicht kommt man damit sogar noch viel billiger weg.

Mein Interesse für das Schminken erwachte schon in sehr jungen Jahren. Zuerst war es der Schminkbeutel meiner Mutter, den ich durchstöberte und mal den blauen Lidschatten, mal den roten Lippenstift ausprobierte. Was halt in den Achtzigern so angesagt war … Meine Tante Sarah gibt gerne die Geschichte zum Besten, dass ich ihr Make-up mit Begeisterung in der Toilette hinunterzuspülen pflegte. Vielleicht ahnte ich damals ja bereits, dass es voller Chemie steckte.

Als Teenager habe ich mich eigentlich regelmäßig geschminkt, und entsprechend schlecht war meine Haut, weil die Poren ständig mit den in dicken Schichten aufgetragenen Grundierungen und Pudern verstopft waren. Naturprodukte kannte man damals noch nicht, und man wusste auch nicht viel darüber. Tatsächlich hat die Naturkosmetik erst in den letzten fünf, zehn Jahren den Markt erobert. Doch selbst heute ist es mitunter sehr schwierig und teuer, auf Naturprodukte umzusteigen. Um Ihnen, bevor Sie in teure Zutaten investieren, erst einmal die Möglichkeit zu geben, zu testen, wie es Ihnen mit den selbst gemachten Produkten geht, habe ich mich hier auf ein paar einfache, kostengünstige Rezepturen beschränkt.

Concealer

ERGIBT 40 G

1 TL Sheabutter
2 TL Jojobaöl
½ TL Emulgierwachs
1 TL Aloe-Vera-Gel
1 TL Hamameliswasser
½ TL Kakaopulver
½ TL Tonerde (ist in Pulverform in verschiedenen Hauttönen erhältlich)

Die Sheabutter mit dem Jojobaöl und dem emulgierenden Wachs in einem Turmtopf oder einem Glas im Wasserbad schmelzen. Das Aloe-Vera-Gel und das Hamameliswasser hinzufügen und das Ganze zu einer glatten, homogenen Masse verrühren.

Den Topf vom Herd nehmen sowie nach und nach das Kakaopulver und die Tonerde einrühren, bis die Mischung den gewünschten Farbton hat. Die Mischung anschließend vollständig abkühlen lassen. Um zu prüfen, ob der Concealer die richtige Farbe hat und gut deckt, etwas davon auf die Wange auftragen. Den Concealer in ein kleines, luftdicht verschließbares Behältnis füllen und binnen 3 Monaten verbrauchen.

Die hier vorgestellten Kosmetikprodukte am besten immer frisch zubereiten und nicht zu lange aufbewahren.

Feuchtigkeitscreme

Diese Feuchtigkeitscreme eignet sich hervorragend als Grundierung unter einem Make-up mit Lichtschutzfaktor oder als Nachtpflege. Außerdem ist sie eine ideale Grundlage für meine getönte Feuchtigkeitscreme (siehe rechts), die Sie allerdings unbedingt noch mit einer Zutat (beisielsweise Zinkoxid) mit geeignetem Lichtschutzfaktor (LSF) anreichern sollten. Mir persönlich ist ein geeigneter Sonnenschutz sehr wichtig, denn vor einigen Jahren hatte ich ein Melanom am Auge. Deshalb kaufe ich als Tagespflege immer eine Feuchtigkeitscreme mit Lichtschutzfaktor, damit meine Haut der aggressiven australischen Sonne standhält.

AUSREICHEND FÜR 1 WOCHE

6 EL Aloe-Vera-Gel
3 EL Kokosfett
1 TL Vitamin-E-Öl
2 EL Süßmandelöl

Die Zutaten verrühren und die Mischung in eine sterilisierte Flasche füllen. Die Creme einmal täglich auftragen und binnen 6 Monaten verbrauchen.

getönte Feuchtigkeitscreme

Heute benutze ich Make-ups nur noch selten und verwende stattdessen eine getönte Feuchtigkeitscreme. Als Grundlage dient hier die Feuchtigkeitscreme (siehe links), die mit einem Naturpuder gemischt wird. So können Sie die Farbe, je nach Jahreszeit, selbst Ihrem Hautton anpassen.

AUSREICHEND FÜR 1 WOCHE

6 EL Feuchtigkeitscreme (siehe links)
½–1 TL Glimmerpuder (Mica-Puder) in Beige, Bronze oder Pink (je nachdem, was zu Ihrem Hautton passt)
1 ½ TL Kakaopulver

Die Zutaten nach und nach miteinander verrühren, bis die Mischung den gewünschten Farbton hat. In einem luftdicht verschlossenen Behälter ist die Creme bis zu 1 Monat lang haltbar.

Egal, wo Sie leben, auf einen geeigneten Sonnenschutz sollte man immer und überall achten. Ich verlasse das Haus nie, ohne vor allem mein Gesicht mit einer Sonnencreme geschützt zu haben, und würde auch Ihnen raten, stets eine Tagescreme mit Lichtschutzfaktor zu verwenden.

Rouge

Meine Brüder machten sich immer darüber lustig, dass ich so viel Rouge auftrug. Mir gefällt das eben einfach so. Es gibt dafür keinen bestimmten Grund, ich trage es einfach immer, und das wird sich auch niemals ändern. Es macht aus dem blässlichen Mädchen, das ich bin, ein blässliches rotbackiges Mädchen.

AUSREICHEND FÜR 1 MONAT
(sofern Sie es nicht in solchen
Mengen auftragen wie ich)
1 TL Kakaopulver
1 TL Glimmerpuder (Mica-Puder),
 Rote-Bete- oder Hibiskuspulver
1 TL Pfeilwurzelstärke

Die Zutaten vermischen und das Rouge in einem luftdicht verschlossenen Behältnis aufbewahren. Mit einem Rougepinsel auftragen.

Dieses Rouge mag ich besonders gern, weil mein Gesicht damit so wunderbar nach Schokolade riecht.

Wimperntusche

Lippenbalsam

Mit Wimperntusche lässt sich im Nu das ganze Gesicht verändern. Doch etwas, das sich am Ende des Tages nur mit chemischen Mitteln entfernen lässt, kann Ihren Augen nicht guttun. Greifen Sie deshalb lieber zu dieser natürlichen Version.

Dieser Lippenbalsam eignet sich auch hervorragend als kleines Geschenk. Er ist ganz leicht herzustellen, bei den Aromen und den Farben kann man nach Lust und Laune variieren. Ersetzen Sie das Rosenöl beispielsweise einmal durch Vanille- oder Orangen-öl. Wenn Sie einen neutralen Farbton wünschen, den Puder einfach weglassen.

AUSREICHEND FÜR 2 WOCHEN
4 TL Kokosfett
8 TL Aloe-Vera-Gel
2 TL geriebenes Bienenwachs
2 TL Aktivkohle, Kakaopulver oder Glimmerpuder
   (Mica-Puder) zum Färben

ein leerer Wimperntuschebehälter

Das Kokosfett mit dem Aloe-Vera-Gel und dem Bienenwachs in einen kleinen Topf geben und bei geringer Hitze unter laufendem Rühren erhitzen, bis das Bienenwachs geschmolzen ist.

Die Kohle, das Kakaopulver oder den Glimmerpuder hinzufügen und alles gut einrühren. Die Mischung mithilfe eines kleinen Spritzbeutels oder einer Pipette in den Behälter füllen, die Bürste hineinstecken und den Behälter zuschrauben. Die Wimperntusche ist bis zu 3 Monate lang haltbar.

ERGIBT 25 G
4 EL Kokosfett
2 EL Sheabutter
2 EL Bienenwachs
1 TL Rosenpulver oder farbiger Glimmerpuder
   (Mica-Puder)
3–4 Tropfen Rosenöl

Das Kokosfett mit der Sheabutter und dem Bienenwachs in einem Turmtopf unter Rühren schmelzen lassen. Den Topf vom Herd nehmen und zunächst das Rosenpulver oder den Glimmerpuder und zum Schluss das Rosenöl unterrühren. Den Lippenbalsam in ein Döschen füllen, glatt streichen und anschließend abkühlen lassen.

*Rosenpulver kann man ganz leicht selbst
herstellen, indem man getrocknete essbare
Rosenblütenblätter in der Küchenmaschine
zu einem feinen Pulver zermahlt.*

Für Ihn

MEIN LEBENSGEFÄHRTE, DAMIEN, ist ein gepflegter, ziemlich gut aussehender Mann. Unser Badezimmer ist voll von allen nur denkbaren Cremes, Seifen, Lotionen und Ölen, und ich kann mit Fug und Recht behaupten, dass er länger braucht, um sich fertig zu machen, als ich. Er hört das zwar nicht gerne, aber es entspricht der Wahrheit. Zugegeben, manchmal bringt mich das ein bisschen auf die Palme, doch dann frage ich mich, ob ich lieber einen Mann hätte, dem es unwichtig ist, wie er das Haus verlässt. Ich glaube nicht. Danke, Damien, dass du dich als Versuchskaninchen für meine Produkte geopfert hast. Deine Haut wird es dir danken – und deine Brieftasche auch.

Volumenhaarspray

Wenn das Haar immer lichter wird, ist das für viele Männer ein Problem. Aber auch dagegen gibt es ein Mittel. Dieses ausschließlich aus natürlichen Bestandteilen bestehende Haarspray soll, so haben es mir zumindest meine Testpersonen berichtet, tatsächlich bewirken, dass das Haar nach einer gewissen Zeit voller wirkt. Sie werden dann zwar immer noch nicht aussehen wie Rod Stewart, aber was haben Sie schon zu verlieren? Hoffentlich nicht noch mehr Haare!

ERGIBT 500 ML

500 ml gefiltertes Wasser
6 EL getrocknete Brennnesselblätter
20 Tropfen Echtes Salbeiöl
20 Tropfen Rosmarinöl
20 Tropfen Lavendelöl

eine sterilisierte 500-ml-
  Sprühflasche

Das Wasser in einem Topf aufkochen lassen, die Herdplatte danach ausschalten, die Brennnesselblätter hineingeben und mindestens 20 Minuten ziehen lassen, bis das Wasser abgekühlt ist. Die Infusion durch ein Sieb seihen und in die Sprühflasche füllen. Die ätherischen Öle hinzufügen und die Flasche kräftig schütteln. Die Flasche vor jedem Gebrauch schütteln. Im Kühlschrank ist das Spray bis zu 3 Monate haltbar.

gesichtsbehaarung

BARTÖL

Dieses Bartöl ist nicht nur etwas für Hipster. Damit lässt sich auch der Bart Ihres Mannes bändigen. Die verschiedenen Öle beugen einer Schuppenbildung vor, wirken entzündungshemmend, fördern das Haarwachstum und verleihen dem Bart einen schönen Glanz.

ERGIBT 110 ML
45 ml Mandelöl
45 ml Jojobaöl
1 EL Kokosfett (verflüssigt)
5 Tropfen Zedernholzöl
5 Tropfen Sandelholzöl

Verwenden Sie eine kleine, dunkel getönte Glasflasche, möglichst mit Pipette. Nacheinander das Jojobaöl, das Mandelöl und das Kokosfett einfüllen, die Flasche schütteln. Zum Schluss die ätherischen Öle hinzufügen. Im Badezimmerschrank hält sich das Öl bis zu 1 Jahr. Einmal täglich ein paar Tropfen auf die Handflächen geben und in den Bart einmassieren.

KOKOS-RASIERCREME

Wenn Sie sich noch ganz nach alter Schule nass rasieren, ist diese Creme genau das Richtige für Sie. Sie sorgt nicht nur dafür, dass sich das Gesicht nach der Rasur seidig glatt anfühlt, das Kokosfett verhindert außerdem das Einwachsen von Haaren und gibt Bakterien keine Chance.

ERGIBT 350 G
170 g Sheabutter
170 g Kokosfett
2 EL Olivenöl
2 EL flüssige Castile-Seife
20 Tropfen Lavendelöl

Die Sheabutter und das Kokosfett bei geringer Hitze unter laufendem Rühren in einer kleinen Stielkasserolle zerlassen. Das Olivenöl unterrühren, die Mischung in eine Schüssel gießen und anschließend im Kühlschrank fest werden lassen.

Die Mischung 2–4 Minuten mit dem Handmixer cremig aufschlagen, die Castile-Seife und zum Schluss das Lavendelöl einrühren. Die Creme in eine kleine Dose füllen. Im Badezimmerschrank ist sie nun bis zu 3 Monate lang haltbar.

Schokoladen-Kaffee-Peeling

Männerhaut ist oft etwas rau. Wenn Sie dieses Peeling mehrmals in der Woche anwenden, wird Ihre Haut spürbar glatter werden. Kakaopulver ist reich an Antioxidantien, das Kaffeemehl beseitigt Hautschüppchen. Außerdem riecht man danach sehr gut.

ERGIBT 125 G

125 g Kokosblütenzucker
1 EL Kokosfett
1 EL Kakaobutter
1 EL Honig
1 EL Kaffeemehl

Die Zutaten in einer kleinen Schüssel mit einem Löffel vermengen. In einem Schraubglas oder einem luftdicht verschlossenen Behälter ist das Peeling bis zu 2 Wochen lang haltbar. Die besten Ergebnisse erzielt man allerdings, wenn es frisch zubereitet ist. Das Peeling am ganzen Körper auf die nasse Haut gut einmassieren und anschließend mit warmem Wasser abspülen.

Manchmal mache ich dieses Peeling für meinen Lebensgefährten Damien, benutze es dann aber jedes Mal selbst, weil es so gut riecht und wie ein Zauber wirkt.

Körperbutter

Was gibt es Schöneres als eine seidig glatte, wohlriechende Männerhaut, die man den ganzen Tag streicheln möchte? Ich wüsste nichts ….

ERGIBT 220 G

60 g Sheabutter
60 g Kakaobutter
60 ml Süßmandel- oder Macadamia-Öl
60 g Kokosfett
10 Tropfen Weihrauch- oder Sandelholzöl

Sämtliche Zutaten bis auf das ätherische Öl in einem Turmtopf oder in einer hitzebeständigen Schüssel über einem Topf mit siedendem Wasser langsam unter Rühren auf mittlere Hitze erwärmen, bis sie geschmolzen sind. Die Mischung anschließend abkühlen lassen.

Die Mischung in eine Schüssel geben und bis zu 1 Stunde in den Kühlschrank stellen, bis die Oberfläche fest wird. Mit dem Handmixer 8–10 Minuten cremig aufschlagen. Zum Schluss das ätherische Öl unterrühren.

Die Butter in ein Schraubglas oder einen luftdicht verschließbaren Behälter füllen und bei Raumtemperatur aufbewahren. Darauf achten, dass die Temperatur 25 °C nicht übersteigt, sonst schmilzt die Butter. Sie sollte jedoch auch nicht zu kalt sein, sonst wird sie fest. Wenn es bei Ihnen sehr heiß ist, stellen Sie sie am besten in den Kühlschrank. Die Butter innerhalb von 2 Monaten verbrauchen.

Schmerzlindernde Salbe

Beim Sport wissen Männer oft nicht, wann es genug ist, und dann kommen sie nicht selten grün und blau nach Hause. Diese schmerzlindernde Salbe ist eine bei Weitem nicht so starke, chemikalienfreie Version des Tigerbalms, die aber genauso wirkungsvoll ist. Bei Bedarf müssen Sie nur eine kleine Menge mit den Fingerspitzen auf die betroffene Stelle auftragen und einmassieren.

ERGIBT 60 G

15 g Bienenwachs
50 g Kokosfett
10 Tropfen Eukalyptusöl
5 Tropfen Pfefferminzöl

Das Bienenwachs mit dem Kokosfett in einem Turmtopf oder einer hitzebeständigen Schüssel über einem Topf mit siedendem Wasser langsam unter Rühren auf mittlere Hitze erwärmen, bis beides geschmolzen ist. Den Topf danach vom Herd nehmen, das ätherische Öl einrühren und die Mischung in eine kleine Dose füllen. Vollständig abkühlen und die Dose verschließen. Die Salbe ist etwa 6 Monate lang haltbar.

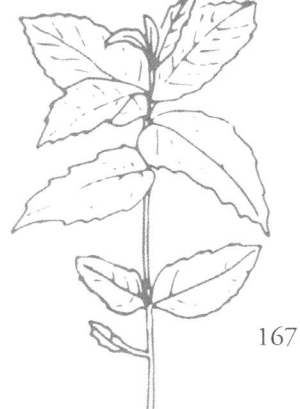

Heilmittel

ES ERFÜLLT MICH MIT GROSSER SORGE, wenn ich davon höre, dass immer mehr Menschen Antibiotikaresistenzen entwickeln. Um dem vorzubeugen, würde ich für meinen Teil zunächst alle anderen Optionen ausschöpfen, bevor ich mich einer Antibiotikabehandlung unterzöge. In jedem Fall würde ich darauf achten, gleichzeitig zumindest ein paar gute Probiotika, etwa in Form von Sauerkraut (siehe Seite 70) oder Kombucha (siehe Seite 96), zu mir zu nehmen, um den Aufbau der Darmflora zu unterstützen. Gewiss: In bestimmten Fällen können Antibiotika Leben retten, und bei ernsten Erkrankungen sind sie durchaus notwendig. Deshalb ist eine Antibikotikaresistenz ja eine so große Gefahr.

Die folgenden »Hausmittel« sind keinesfalls ein Ersatz für Medikamente, die man wirklich benötigt. Ich habe zwar einen Kurs in Kräuterheilkunde besucht, bin aber keine Medizinerin. Im Krankheitsfall sollten Sie in jedem Fall unbedingt einen Arzt konsultieren. Aber die folgenden Rezepturen können dazu beitragen, Ihre Immunabwehr zu stärken. Es handelt sich um jahrhundertealte Hausmittel, die ich nur ein wenig der heutigen Zeit angepasst habe. Probieren Sie diese doch einfach einmal aus – vielleicht helfen sie ja auch Ihnen.

EINIGE TIPPS VORAB

~ Verwenden Sie nach Möglichkeit rohen Apfelessig (wenn Sie ihn im Kühlregal finden, ist das in der Regel ein Indiz dafür, dass er nicht pasteurisiert ist).

~ Getrocknete Kräuter haben ein intensiveres Aroma als frische, passen Sie deshalb die Mengen Ihrem Geschmack entsprechend an.

~ Benutzen Sie ausschließlich sterilisierte Gläser und Flaschen.

~ Verwenden Sie idealerweise Rohhonig. Wer unter Heuschnupfen oder Asthma leidet, sollte zudem zu Produkten aus heimischer Produktion greifen.

~ Alle verwendeten Gewürze und Kräuter sind über das Internet beziehbar. Prüfen Sie jedoch, bevor Sie etwas kaufen oder pflücken, das ähnlich aussieht, bitte genau, ob es auch wirklich das Richtige ist (die Gefahr einer Allergie oder gar einer Vergiftung ist in jedem Fall zu vermeiden).

Medizinischer Essig

Zur Vorbeugung gibt es für mich nichts Besseres, als täglich ein Gläschen von diesem medizinischen Essig zu mir zu nehmen. Kräuter helfen schon seit Jahrhunderten bei der Verbesserung der Gesundheit und des Wohlbefindens. Hier werden sie mit rohem Apfelessig kombiniert, der beim Abnehmen helfen, den Blutzuckerspiegel stabil halten und die Aufnahme von Nährstoffen unterstützen soll. Suchen Sie sich das für Ihre Beschwerden am besten geeignete Kraut heraus (siehe den Kräuterführer auf Seite 174/175) und stellen Sie dann den Essig wie unten beschrieben her. Vergessen Sie nie, erst den botanischen Namen zu überprüfen, um sicher zu gehen, dass es sich auch wirklich um eine genießbare Varietät handelt.

ERGIBT 250 ML

50 g getrocknete Kräuter (soll der Kräutergeschmack nicht so intensiv sein, nehmen Sie 50 g frische Kräuter)
250 ml roher Apfelessig

ein sterilisiertes 250-ml-Schraubglas

Getrocknete Kräuter im Mörser zu einem groben Pulver zerstoßen, frische Kräuter hacken. Die Kräuter in ein sterilisiertes Glas füllen und dieses mit dem Essig auffüllen. Den Deckel aufschrauben und den Essig 2 Wochen an einem kühlen, lichtgeschützten Ort ruhen lassen. Das Glas in dieser Zeit einmal täglich schütteln.

Den Essig anschließend durch ein feinmaschiges Sieb oder ein Siebtuch in ein zweites sterilisiertes Glas seihen und nochmals 2 Tage ruhen lassen, damit sich der Bodensatz absetzen kann. Die klare Flüssigkeit danach wiederum in ein sterilisiertes Glas abseihen. Dann das Glas verschließen und an einem kühlen, lichtgeschützten Ort – am besten im Kühlschrank – aufbewahren. Der Essig ist bis zu 6 Monate haltbar.

Kleiner Kräuterführer

Aus der Vielzahl von Kräutern, mit denen Sie nicht nur Ihren Gaumen verwöhnen, sondern auch zur Verbesserung Ihrer Gesundheit und Ihres Wohlbefindens beitragen können, möchte ich Ihnen hier nur einige wenige vorstellen. Was mir bisher in meinem Beruf am meisten Freude bereitet hat, war das Zusammenstellen von Kräutermischungen – nicht nur für die Küche, sondern auch für medizinische Zwecke. Das Wichtigste dabei ist, sich stets genauestens zu informieren. Gehen Sie beim Pflücken von Wildkräutern keinesfalls ein Risiko ein. Wenn Sie nicht genau wissen, um was es sich handelt und welche Bestandteile dieses Krauts welche Wirkungen haben können, lassen Sie unbedingt die Finger davon! Nur dann können Sie unbesorgt mit den Kräutern experimentieren und Ihre Freude daran haben.

ARZNEI- ODER ECHTE ENGELWURZ
Angelica archangelica: Hilft ausgezeichnet bei Reizdarmsyndrom, Blähungen und jeder Art von Verdauungsbeschwerden. Kann aufgrund ihrer entzündungshemmenden Eigenschaften auch bei Arthritis helfen.

DUFTVEILCHEN
Viola odorata: Wirkt blutreinigend, hilft bei Bronchitis und trockenem Husten.

ECHTE KAMILLE
Matricaria chamomilla: Die Kamille ist vor allem für ihre schlaffördernde Wirkung bekannt, kann aber auch bei Angstzuständen und Stress helfen.

ECHTER BALDRIAN
Valeriana officinalis: Berühmt für seine schlaffördernde Wirkung, der Baldrian hilft aber auch sehr gut bei Menstruationsbeschwerden, Kopf- und anderen Schmerzen sowie bei Angstzuständen.

ECHTER EIBISCH
Althaea officinalis, auch Arznei-Eibisch genannt: Die Eibischwurzel hilft bei Keuchhusten und Bronchitis.

ECHTER SALBEI
Salvia officinalis (auch Garten-, Küchen- oder Heilsalbei genannt): Wirkt antibakteriell, entzündungs- und schweißhemmend. Hilft bei Halsschmerzen und bei Beschwerden in den Wechseljahren. Fördert die Verdauung.

ECHTES SÜSSHOLZ
Glycyrrhiza glabra: Zu empfehlen bei Sodbrennen, Reizdarmsyndrom, Halsschmerzen, Husten und Sehnenscheidenentzündung.

EIBISCH
Hibiscus: Hat antimikrobielle Eigenschaften, wirkt cholesterin- und blutdrucksenkend und ist gut für die Leber und die Nieren. Zum Einsatz kommen der Chinesische Roseneibisch (Hibiscus rosa-sinensis), der Garteneibisch (Hibiscus syriacus) und die auch Sabdariff-Eibisch, Sudan-Eibisch, Afrikanische Malve oder Karkade genannte Roselle (Hibiscus sabdariffa).

GEMEINE SCHAFGARBE
Achillea millefolium: Wirkt antimikrobiell und entzündungshemmend. Gut bei Prellungen, Couperose und Besenreisern sowie bei Hämorriden.

GEWÖHNLICHE VOGELMIERE
Stellaria media: Wirkt blutreinigend und ist gut bei Eisenmangel.

GEWÖHNLICHER LÖWENZAHN

Taraxacum: Der allgegenwärtige Löwenzahn ist geradezu ein Allheilmittel. Die Wurzel kann mit zu einem gesunden Darm beitragen und die Verdauung anregen.

GROSSE BRENNNESSEL

Urtica dioica: Brennnesseln sind reich an Vitaminen, Mineralstoffen und Chlorophyll. Sie verscheuchen die Müdigkeit und helfen bei Spannungszuständen.

GROSSE KLETTE

Arctium lappa: Wirkt blutreinigend, entwässernd (die Wurzel) und wird häufig zur Behandlung von Ekzemen, Arthritis und Gicht eingesetzt.

INDISCHES BASILIKUM ODER TULSI

Ocimum tenuiflorum: Hilft bei Erkältungen, Schnupfen und Nasennebenhöhlenentzündung. Kann auch bei Beklemmungen, Asthma und Husten helfen und soll außerdem die Konzentration und die Gedächtnisleistung fördern. Wird auch »Königsbasilikum« oder »Heiliges Basilikum« genannt.

INGWER

Zingiber officinale: Dieses wunderbare Allheilmittel hilft bei Reisekrankheit, Übelkeit, Verdauungsbeschwerden, Infektionen und regt die Blutzirkulation an.

KNOBLAUCH

Allium sativum: Regt die Blutzirkulation an und hilft bei der Bekämpfung von Erkältungen und Schnupfen. Menschen, die unter Sodbrennen leiden oder zu Blähungen neigen, ist Knoblauch nicht zu empfehlen.

KURKUMA

Curcuma longa: Hat eine entzündungshemmende und antioxidative Wirkung. Empfehlenswert bei Arthritis und Muskelschmerzen. Damit die Kurkuma besser absorbiert werden kann, sollte man sie beispielsweise mit schwarzem Pfeffer kombinieren.

RINGELBLUME

Calendula officinalis: Kann innerlich (bei Magengeschwüren und Sodbrennen) und äußerlich (vor allem bei Ausschlägen, Wunden und Verbrennungen) angewendet werden und wirkt antimikrobiell.

ROSE

Rosa ssp.: Rote und rosafarbene Blütenblätter sind reich an Bioflavonoiden, die eine antioxidative und entzündungshemmende Wirkung haben.

SONNENHUT

Echinacea: Beugt Erkältungen und Schnupfen vor und stimuliert das Immunsystem, sodass man Infektionen schneller bekämpfen kann. Derzeit werden drei (in Nordamerika heimische) Arten als Heilkraut genutzt: der schmalblättrige Sonnenhut (Echinacea angustifolia), der Purpur-Sonnenhut (Echinacea purpurea) und der blasse Sonnenhut (Echinacea pallida).

ZITRONENGRAS

Cymbopogon citratus: Gut bei Kopfschmerzen, Stress, Husten, Verstopfung und Menstruationsbeschwerden.

ZITRONENMELISSE

Melissa officinalis: Hilft bei Depressionen und Angstzuständen und wirkt entspannend und schlaffördernd. Ist auch für Kinder und ältere Menschen geeignet.

ZITRONENVERBENE

Aloysia citrodora: Hilft bei Übelkeit und Schlaflosigkeit. Ist auch für Kinder und für ältere Menschen geeignet.

Blütenessenzen

Blütenessenzen, heißt es, wirken über die Akupunktur-meridiane und schärfen so womöglich das Bewusst-sein. Wissenschaftlich nachweisen lässt sich ihre Wirkung nicht – ich verwende sie trotzdem gerne als Stärkungsmittel oder bei Angst- und Panikzuständen, etwa vor Prüfungen oder wenn ich vor Publikum sprechen muss.

Ähnlich wie Tinkturen werden auch Blütenessenzen mit Alkohol hergestellt (wer Probleme mit Alkohol hat, muss also beides meiden!). Für Blütenessenzen werden aber ausschließlich Blüten und keine Kräuter verwendet. Sie müssen an sonnigen Tagen hergestellt werden, weil die wertvollen Inhaltsstoffe der Blüten mithilfe des Lichts extrahiert werden. Auch das mag etwas esoterisch klingen – vertrauen Sie am besten auf Ihre Intuition.

Wichtig ist mir in diesem Zusammenhang besonders, dass wir auch Blütenessenzen nicht kaufen müssen, sondern selbst machen können. Das Herstellungsver-fahren, das ich hier beschreibe, habe ich in einem Kurs zur Kräuterheilkunde gelernt. Es handelt sich um die Sonnenmethode. Daneben gibt es noch weitere Methoden, aber wenn Sie einmal im Internet recherchieren, werden Sie feststellen, dass das Grundprinzip im Wesentlichen stets das Geiche ist; nur die Details unterscheiden sich individuell.

Machen Sie einen Spaziergang und pflücken Sie ein paar Blumen. Lassen Sie sich bei der Auswahl auch davon leiten, ob Ihnen eine Blume besonders gefällt. Informieren Sie sich dann darüber, ob die Blume Ihrer Wahl von Ihnen gewünschte gesundheitliche Vorzüge besitzt. Füllen Sie dann eine kleine Schüssel mit Quell-wasser und stellen sie diese in die Sonne – am besten zwischen die Blumen, aus denen Sie die Essenz her-stellen wollen.

Lassen Sie die Blüten sanft auf die Wasseroberfläche fallen (es ist nicht nötig, sie in das Wasser einzutau-chen) und dann 2 Stunden lang in der prallen Sonne stehen. Nehmen Sie die Blüten anschließend mithilfe eines Blattes, eines Zweigs oder Astes aus der Schüssel. Damit Sie nichts von Ihrer eigenen Energie auf die Blüten übertragen, dürfen Sie dazu keinesfalls die Hände benutzen. Zugegeben, das klingt wirklich alles erst einmal ziemlich verrückt, aber probieren Sie es doch einfach einmal für sich selbst aus.

Gießen Sie dann das Wasser mithilfe eines Glastrich-ters in eine sterilisierte Glasflasche, bis diese zur Hälfte gefüllt ist. Die Flasche anschließend mit Brandy oder Wodka auffüllen. Daraus wird später die »Mutteressenz« bzw. die »Muttertinktur«.

Nehmen Sie 7 Tropfen von der Muttertinktur ab, geben diese in ein 20-ml-Fläschchen und füllen es anschließend mit Alkohol auf. Geben Sie dann 4–7 Tropfen dieser Urtinktur in eine kleine Tropf-flasche und füllen Sie diese ebenfalls mit Alkohol auf. Die Tropfflasche mit einem Etikett versehen. Diese enthält jetzt Ihre Blütenessenz.

Bei Bedarf ein paar Tropfen davon in ein Glas Was-ser geben oder direkt unter die Zunge träufeln. Und nun, wie schon gesagt, auf die eigene Intuition ver-trauen …

gesundheitstonikum

Nehmen Sie täglich einen Esslöffel oder ein Schnapsglas dieses Tonikums zu sich. Am Anfang wird es Sie ein wenig Überwindung kosten, aber halten Sie durch, denn bereits nach etwa einer Woche wird Ihr Körper förmlich nach der Säure verlangen, und er wird voll in den Genuss der wertvollen Inhaltsstoffe der Kräuter und Gewürze kommen.

ERGIBT 300 ML

3 Knoblauchzehen, geschält
1 Stückchen (1 cm) frischer
   Ingwer, geschält
1 Stückchen (2,5 cm) frische
   Kurkuma, geschält
1 unbehandelte Zitrone, geschält
1 TL frischer Meerrettich
1 Prise Cayennepfeffer
2 EL Rohhonig
300 ml roher Bio-Apfelessig

Den Knoblauch und den Ingwer, die Kurkuma, die Zitrone und den Meerrettich im Entsafter entsaften und den Saft mit den übrigen Zutaten verrühren. Wenn Sie keinen Entsafter besitzen, den Knoblauch, die Kurkuma und den Meerrettich fein reiben, den Zitronensaft darüberpressen, etwas abgeriebene Zitronenschale hinzufügen und das Ganze mit den übrigen Zutaten verrühren.

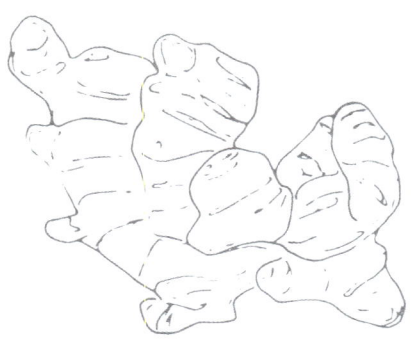

Knoblauch-Zitronen-Tonikum

Dieses Tonikum hält Ihnen Erkältungen vom Leib. Der Nachteil: Es hält auch Ihren Liebsten oder Ihre Liebste davon ab, Sie zu küssen. Doch ganz im Ernst, dieses Tonikum ist vollgepackt mit wertvollen Inhaltsstoffen, und täglich ein Schnapsgläschen davon reicht, um sich in der Erkältungszeit zu schützen oder um wieder zu Kräften zu kommen.

Die ganzen ungeschälten Zitronen mit dem Knoblauch im Mixer glatt rühren. Dann die Mischung mit 1,5 Liter Wasser in einen mittelgroßen Topf geben, aufkochen lassen und danach sofort vom Herd nehmen. Abkühlen lassen und durch ein feinmaschiges Sieb in die Flasche seihen. Das Tonikum im Kühlschrank aufbewahren und einmal täglich 1 Schnapsglas voll davon trinken. Das Tonikum ist bis zu 1 Jahr haltbar.

ERGIBT ETWA 1,5 L
5 unbehandelte Zitronen
30 Knoblauchzehen, geschält

eine sterilisierte Flasche

Der Knoblauch erfreut sich nicht nur in der Küche großer Beliebtheit, man schätzt ihn seit Langem auch wegen seiner medizinischen Eigenschaften. Denn er ist reich an Vitaminen und Mineralstoffen. Eine Knolle enthält neben Kalium auch Eisen, Calcium, Magnesium, Mangan, Zink und das herzstärkende Selen.

Medizinischer Honig (Hustensirup)

Honig wirkt nicht nur antibakteriell und entzündungshemmend, er hat noch eine Vielzahl weiterer gesundheitsfördernder Eigenschaften. Wenn es kalt wird, plagen uns manchmal Husten und Erkältungen, Halsschmerzen können einem schon mal den Schlaf rauben. Da hilft Honig: Er wirkt ähnlich wie Hustensirup, glättet also den Rachen und sorgt so für Linderung. Mit ein paar Kräutern angereichert, haben Sie sich im Handumdrehen Ihren eigenen Hustensirup hergestellt, den Sie auch zum Süßen von Tees verwenden können. Oder Sie nehmen bei Bedarf einen Esslöffel voll vor dem Zubettgehen.

Mit meiner Cousine Ashleigh habe ich vor Kurzem einen Imkerkurs besucht. Unsere Bienenkörbe sind salbeigrün angestrichen, und wir können den Einzug der Bienen und ihrer Königin – wie unsere erste Honigernte! – kaum erwarten …

ERGIBT 300–400 G
Den Honig bei Husten und Halsschmerzen mit einigen der folgenden Zutaten anreichern:

Holunderbeeren

Weißdornbeeren

Engelwurz

Kurkuma und schwarze Pfefferkörner (nur ein paar)

Zitronenmelisse und Zitronenverbene (eine Mischung aus beidem)

Ringelblume

Rosenblüten

Buschpflaume (Kakadu Plum)

Sie können gekaufte oder selbst gezogene und getrocknete Kräuter, Wurzeln, Blüten und Gewürze verwenden. Sie müssen nur – im Mörser oder in der Küchenmaschine – fein gemahlen werden. Den Honig im Verhältnis 1:1 mit den Kräutern mischen (für dieses Rezept würde ich Ihnen 200 g Honig und 200 g Kräuter empfehlen). Die Zutaten in einen Turmtopf füllen und 6 Stunden bei geringer Hitze erhitzen. Dabei darauf achten, dass der Honig eine Temperatur von 43–46 °C nicht überschreitet. Wenn Sie keinen Turmtopf besitzen, einen kleineren in einen größeren Topf stellen. Dabei ein kleines Kuchengitter unterlegen, damit der kleine Topf nicht mit dem Boden des größeren in Berührung kommt. So viel heißes Wasser in den größeren Topf gießen, dass es bis zur halben Höhe des kleineren Topfs reicht. Das Ganze anschließend langsam erhitzen. Je nachdem, wie viel Wasser verdunstet, müssen Sie das Wasser gegebenenfalls von Zeit zu Zeit auffüllen. Die Kräuter müssen vollständig mit Honig bedeckt sein. Ist dies nicht der Fall, noch etwas Honig hinzufügen. Die Mischung von Zeit zu Zeit umrühren, damit sich das Aroma gleichmäßig verteilt. Den noch warmen Honig anschließend durch ein Stück Gaze oder ein feinmaschiges Sieb (ein sauberes altes Baumwoll-T-Shirt eignet sich ebenfalls) passieren und das Tuch dabei gut ausdrücken. Den Sirup danach in ein sterilisiertes Schraubglas füllen. Der Hustensirup ist bis zu 1 Jahr lang haltbar.

Sie können gekaufte oder selbst gezogene und getrocknete Kräuter verwenden, die Sie – im Mörser oder in der Küchenmaschine – fein mahlen. Bei Atemwegsbeschwerden empfiehlt sich besonders Honig aus lokaler Erzeugung, denn die Bienen haben den Nektar in der heimischen Flora gesammelt.

Wellness-Badesalze

Badesalze verleihen dem Badewasser nicht nur einen herrlichen Duft, sie können auch eine therapeutische Wirkung haben. Dazu eignen sich ganz verschiedene Salze, von denen jedes, ebenso wie die verschiedenen ätherischen Öle, andere gesundheitliche Vorzüge hat. Hier ein paar Anregungen, aus denen Sie je nach Stimmung und nach Ihren jeweiligen Bedürfnissen auswählen können. Ich nehme eine Mischung aus Magnesium- und Epsom-Salz. Auf diese Weise komme ich in den Genuss der Vorzüge beider Salze. Das Magnesium sorgt für gute Nerven und Muskeln, reguliert die Herzfunktion und stärkt die Knochen, während das Epsom-Salz, ein Magnesiumsulfat, den Körper entgiftet.

FÜR EINEN GUTEN SCHLAF (ERGIBT 450 G)

300 g Magnesiumsalz

150 g Epsom-Salz

20 Tropfen Lavendelöl

FÜR NEUE ENERGIE (ERGIBT 450 G)

300 g Magnesiumsalz

150 g Epsom-Salz

10 Tropfen Pfefferminzöl

10 Tropfen Rosmarinöl

WENN KNOCHEN UND GELENKE SCHMERZEN (ERGIBT 450 G)

300 g Magnesiumsalz

150 g Epsom-Salz

10 Tropfen Eukalyptusöl

10 Tropfen Lavendelöl

VOR EINEM ANSTRENGENDEN TAG (ERGIBT 450 G)

300 g Magnesiumsalz

150 g Epsom-Salz

15 Tropfen Orangenöl

10 Tropfen Zitronenöl

Schlafförderndes Massageöl

Vier Jahre lang litt ich unter Schlaflosigkeit, vermutlich ein Erbteil meiner Großmütter, die beide ebenfalls darunter litten. Als mein Arzt die Insomnie diagnostizierte, verschrieb er mir etwas dagegen, aber ich habe die Tabletten nie genommen. Ich wusste, dass ich mich damit auf gefährliches Terrain begeben hätte, und versuchte lieber, das Problem ohne Medikamente in den Griff zu bekommen. Es war hart, da will ich Ihnen gar nichts vormachen. Als ich zum Masterstudium für nachhaltige Landwirtschaft zugelassen wurde, zog ich von London aufs Land – und es war wie ein Wunder: Schon in der ersten Nacht, die ich dort verbrachte, schlief ich wie ein Baby. Mir sagt dies, dass es manchmal (nicht in jedem Fall, natürlich) einfach an der Umgebung und der geistigen Anregung liegt. Eine Massage mit diesem Öl und eine Tasse Schlaftee genügen, und ich bin sofort wieder im ländlichen England, wo ich so gut geschlafen habe wie sonst nirgends.

ERGIBT 250 ML

120 g Kokosfett (verflüssigt)

120 ml Traubenkern- oder Sonnenblumenöl

15 Tropfen Orangenöl

10 Tropfen Lavendelöl

5 Tropfen Ylang-Ylang-Öl

5 Tropfen Geranienöl

5 Tropfen Rosenöl

Das Kokos- und das Traubenkern- oder Sonnenblumenöl mithilfe eines kleinen Trichters in eine saubere, dunkel getönte Glasflasche füllen. Die ätherischen Öle hinzufügen, die Flasche verschließen und gut schütteln. An einem kühlen, lichtgeschützten Ort hält sich das Massageöl bis zu 1 Jahr lang.

Brandsalbe

Bei kleineren Verbrennungen bewirkt diese Salbe wahre Wunder. Der Lavendel beruhigt die verbrannte Haut und desinfiziert sie zugleich. Das im Olivenöl enthaltene Vitamin E hat ebenfalls eine schmerzlindernde Wirkung. Das Kokosfett wirkt antibakteriell, der Honig liefert Antioxidantien und rehydriert die Brandwunde, sodass sich keine Blasen bilden.

ERGIBT 30 G

30 g Honig (nach Möglichkeit Manuka-Honig)
2 EL Olivenöl extra vergine
1 EL Kokosfett
20 Tropfen Lavendelöl

ein kleines sterilisiertes Schraubglas

Die Zutaten verrühren und die Mischung in das Glas füllen. Bei Bedarf die Brandwunde großzügig damit bestreichen und mit einer Mullbinde oder einem Pflaster abdecken.

Die Brandsalbe ist bis zu 1 Jahr lang haltbar.

Bei schwereren Verbrennungen und wenn diese Salbe die Schmerzen nicht lindert, den Arzt aufsuchen.

Insektenstich-Salbe

Insektenstiche und -bisse sind oft schmerzhaft und nervig. Mit diesen wenigen Zutaten lässt sich nicht nur die Entzündung lindern, sie schützen auch vor Infektionen und Bakterien.

FÜR 1 KLEINE DOSE

3 TL Bienenwachs
1 EL Kokosfett
4 Tropfen Lavendelöl
3 Tropfen Eukalyptusöl
½ TL Rohhonig

Das Bienenwachs und das Kokosfett in einer kleinen Schüssel über einem Topf mit siedendem Wasser schmelzen lassen. Den Topf vom Herd nehmen. Die ätherischen Öle und den Honig unterrühren und die Mischung in eine kleine Dose füllen. Die Dose verschließen und die Salbe vollständig abkühlen lassen. Die Insektenstichsalbe ist bis zu 1 Jahr lang haltbar.

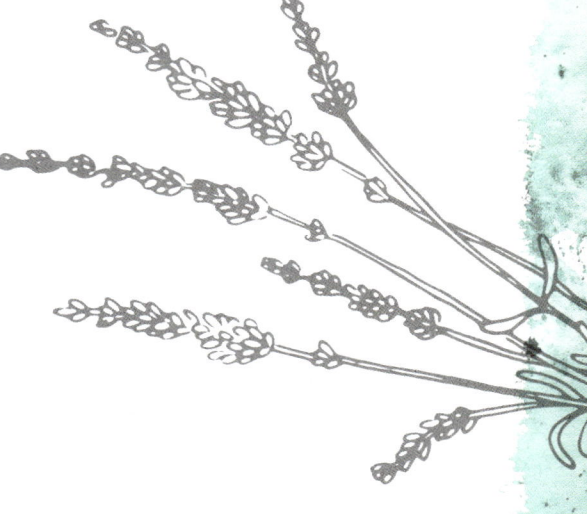

Entzündungshemmender Tee

Ob Ihnen die Knochen wehtun oder ob Sie unter Regelschmerzen leiden – dieser Tee hilft garantiert. Die darin enthaltenen Zutaten lindern durch langes Stehen, Sport oder Arthritis verursachte Entzündungen und helfen Ihnen über die grässlichen Tage der Periode hinweg.

Die Zutaten mischen und die Mischung in einem luftdicht verschlossenen Behälter aufbewahren. Sie ist bis zu 1 Jahr haltbar. Bei Bedarf etwa 3 g pro Tasse mit kochendem Wasser überbrühen.

ERGIBT 140 G

30 g getrocknete Zitronenmelisse

30 g getrocknete Zitronenverbene

30 g getrocknete Hibiskusblüten

30 g getrocknete Ringelblumenblüten

10 g getrocknetes Mädesüß

10 g getrocknete Rosenblüten

Der Tee schmeckt auch vorzüglich als Eistee. Den Tee wie oben beschrieben zubereiten und mit 1 Teelöffel Rohhonig süßen. Auf Raumtemperatur abkühlen lassen und auf Eis, mit ein paar frischen Kräutern garniert, servieren.

Kräutertinkturen

Ich bin regelrecht vernarrt in das Wort Tinktur, denn ich fühle mich damit in die Zeit der Alchemisten zurückversetzt und wünschte, ich hätte ein Laboratorium, in dem ich Tonika und Tinkturen zusammenbrauen könnte, die den Menschen guttun. Es gäbe dort große Gläser mit getrockneten Kräutern und Flaschen mit handgeschriebenen Etiketten. Bei Kräutertinkturen handelt es sich im Grunde um konzentrierte Kräuterextrakte. Dabei fungiert Alkohol als ein Lösungsmittel, mit dem die heilenden Stoffe aus den Kräutern extrahiert werden. Welchen Alkohol Sie verwenden, bleibt ganz Ihnen überlassen. Ich nehme in der Regel Wodka und reines Ethanol.

Tinkturen nimmt man nur in sehr kleinen Dosen zu sich. Ein Esslöffel, den Sie nach Belieben auch in Wasser oder Saft geben können, genügt. Für die Herstellung eignen sich sowohl frische als auch getrocknete Kräuter. Anhand des Kräuterführers auf Seite 174/175 können Sie feststellen, welche Kräuter für Ihre Bedürfnisse am besten geeignet sind.

ENTWEDER:

40–45-prozentiger Wodka
  (besonders geeignet für getrocknete Kräuter sowie für manche frischen holzigen Kräuter)

ODER:

eine Mischung (50:50) aus
  40-prozentigem Wodka und
  95-prozentigem Ethanol (besonders geeignet für Kräuter mit hohem Feuchtigkeitsgehalt, getrocknete oder frische Kräuter, Wurzeln und Rinden)

sterilisierte Schraubgläser
eine dunkel getönte Glasflasche

Wenn Sie getrocknete Kräuter verwenden, die Kräuter fein hacken. Die Menge sollte so groß sein, dass Ihr Glas zu drei Viertel mit Kräutern gefüllt ist. Nehmen Sie frische Kräuter, Blüten, Wurzeln oder Rinden, diese sehr fein hacken. Sie benötigen so viel davon, dass Ihr Glas zur Hälfte damit gefüllt ist. Achten Sie darauf, dass das Glas absolut sauber ist, und hacken Sie die Kräuter wirklich fein. Das Glas anschließend mit dem Alkohol auffüllen, verschließen und 8 Wochen an einem kühlen, trockenen, vor Sonnenlicht geschützten Ort ruhen lassen.

Das Glas mehrmals in der Woche schütteln und überprüfen, ob die Kräuter noch mit dem Alkohol bedeckt sind. Ist dies nicht der Fall, etwas Alkohol nachfüllen (wenn Luft an die Kräuter kommt, besteht die Gefahr, dass sich Schimmel bildet und Bakterien in die Tinktur gelangen).

Einen Trichter mit einem Stück Gaze auskleiden und diesen auf die getönte Glasflasche setzen. Den Inhalt des Schraubglases in den Trichter gießen und die Kräuter dabei gut ausdrücken. Die Flasche verschließen, beschriften und mit dem Datum versehen. An einem kühlen, lichtgeschützten Ort ist die Tinktur jahrelang haltbar. Nehmen Sie am besten 1 Esslöffel pro Tag davon ein. Da die Tinktur sehr stark ist, können Sie sie in der Anfangszeit auch in ein Glas Wasser rühren.

Bezugsquellen

Kosmetische Rohstoffe wie ätherische Öle, Alkohole, Basis-öle, Creme- und Seifengrund-lagen, Emulgatoren, Erden, Hy-drolate, Kräuter, Mineralien, Pigmente, Pflanzenextrakte, Zu-behör wie Dosen, Formen und Werkzeuge findet man u.a. un-ter folgenden Adressen:

alexmo-cosmetics, Alte Poststraße 32, 28844 Weyhe, Tel. 0421/ 84 00 34 64, www.alexmo-cosmetics.de

Cosmothek GmbH, Türkenstraße 60, 80799 Mün-chen, Tel. 089/354 46 00, www.brennessel-muenchen.de

Manske GmbH, Geschwis-ter-Scholl-Straße 7, 74523 Schwäbisch Hall, Tel. 0791/978 08 00, www.manske-shop.com

Naissance, Unit 9 Milland Road Industrial Estate, Milland Road Neath SA 11 1NJ, Großbritan-nien, Tel. international: 044/ 16 39 87 46 37, Tel. Deutsch-land: 0800/000 39 08, Tel. Österreich: 0800/00 59 43, www.enaissance.de

Spinnrad GmbH, Bahnhofstraße 1–3, 23795 Bad Segeberg Tel. 04551/80 86 00, Versand-handel: PSN Pharma-Service Nord GmbH. Novgorod-straße 12, 23560 Lübeck,

Tel. 0451/58 598-1053, https://spinnrad.de

Überwiegend exotische Zutaten bei

Dragonspice Naturwaren, Im Staudfuß 4, 72770 Reutlin-gen, Tel. 07121/593 99 80, www.dragonspice.de

Weitere Internetadressen:

www.australherbs.com.au
www.baldwins.co.uk
www.essentiallyaustralia.com.au
www.mountainroseherbs.com
www.newdirections.com.au
www.organicalcohol.com
www.pestleherbs.co.uk
www.specialtybottle.com
www.wholesalemineralmakeup.com.au

WEITERFÜHRENDE LITERATUR

… auf Deutsch

Xochi Balfour: Naturalista: Wohl-fühlrezepte für Körper und Geist. Knesebeck Verlag 2017

Sarah Britton: My new roots: Saisonale vegetarische Gerichte für ein besseres Lebensgefühl. Knesebeck Verlag 2017

David Frenkiel und Luise Vindahl: Die grüne Küche: Köstliche vege-tarische Ideen für jeden Tag. Knesebeck Verlag 2017

Lina Jachmann: Einfach Leben: Der Guide für einen minimalis-tischen Lebensstil. Knesebeck Verlag 2017

… auf Englisch

Beentje, H. Kew Plant Glossary: An Illustrated Dictionary of Plant Terms (London: Royal Botanic Gardens, 2015).

Castner, James L. Photographic Atlas of Botany and Guide to Plant Identication (Gainesville, FL: Feline Press, 2004).

Elpel, T. J. Botany in a Day: Pat-terns Method of Plant Identificati-on (Pony, MT: HOPS Press, 2004).

Harris, J. G., and M. W. Harris. Plant Identification Terminology: An Illustrated Glossary (Payson, UT: Spring Lake Publishing, 2001).

Heywood, V. H. Flowering Plants of the World (Oxford University Press, 1993).

Register

A

Ätherische Öle
  Haushaltsprodukte 19, 22, 24, 28, 30
  und Gesundheit und Schönheit 138, 144, 152
  siehe auch einzelne Öle
Aloe-Vera-Gel 154–155, 158
Anti-Aging-Serum 126
Antibiotika 168
Apfel, Birne und Tomate
  Chutney 76
Apfelessig, roher
  in der Küche 52, 74–76
  in Haushaltsprodukten 20, 27
  in Heilmitteln 170, 178
  in Kosmetika 128, 148, 151
Artenvielfalt 119
Augen-Make-up-Entferner 128

B

Backofenreiniger 27
Bacon, selbst gemachter 56–57
Badeprodukte 136–139
Badekugeln 138–139
Badesalze 136–137, 182
Badreiniger 30–31
Bananen-Zimt-Peeling 142
Bartöl 164
Barwagen 94–105, 110–113
Basilikum 111, 152
Beeren
  Beerenkonfitüre 84
  Beerensirup 98
siehe auch einzelne Beeren
Bienenwachs 158, 167, 183
Birne
  Apfel-Birnen-Tomaten-
  Chutney 76

Birnen-Brombeer-Sorbet 91
Birnen-Pflaumen-Chutney mit
  eingelegter Zitrone 75
Bitter, Grapefruit- 99
Blaubeere 92
  Blaubeer-Honig-Maske 132–133
Blüten
  Blütenessenzen 176
  Duftmischung 18–19
  Seife 22
Brandsalbe 183
Brennnessel 162, 175
Brombeer-Birnen-Sorbet 91
Butter
  Fruchtbutter 85
  klären 59
  Nussbutter 39
  selber machen 42–43
Buttermilch-Pickles 78

C

Chutneys 74–77
Cocktails 110–113
Concealer 154
Conditioner 148–149
Cracker, Gemüse- 69
Curd, Lemon 85, 86
Curry
  Grüne Currypaste 59
  Rote Currypaste 60–61

D

Darmflora 71, 96–97
Deodorant 144
Detangler 151
Duftmischung 18–19

E

Eier, und Haarpflege 150–51
Einschlafhilfen 182
Eiscreme, Vanille 48–49
Eiswürfelbehälter 36–37

Entzündungshemmender Tee
  184–185
Epsom-Salz 24, 136, 138,
  144, 182
Erdbeersorbet 91
Essig
  aromatisierter 62–63
  Balsamico- 74
  in Haushaltsprodukten 20,
  26–28
  Malz- 58, 67
  medizinischer 170
  Rotwein- 75
  weißer 20, 26, 28
  Weißwein- 79, 80–81
  siehe auch Apfelessig, roher
Eukalyptusöl 26, 141, 167,
  182–183

F

Feigen-Pfirsich-Chutney 74
Fermentation 70–73
Feuchtigkeitscreme 155
Fisch, gebeizter 58
Fußpeeling 144
Futterstelle für Vögel 118–119

G

Ganzheitlicher Ansatz 6
Garten, der 106–121
Gebeizter Fisch 58
Gemüsecracker 66–67
Gerüche beseitigen 115
Geschirrspülmittel 28
Gesichtsbehaarung 164
Gesichtsmasken 130, 132–133
  Grüntee-Spirulina- 130
Gesichtspflege 126, 130,
  132–134, 155
Gesichtswasser 128
Gesundheit und Schönheit
  123–145

Gesundheitstonikum 178

Gewächshaus, Mini- 116–117

Ginger Beer 101

Glimmerpulver 155–156, 158

Grapefruit-Bitter 99

H

Haarpflege 115, 146, 148,
150–152, 162

Haarschuppen 148, 152

Haus und Wohnung 11–31

Hautpflege 6, 115

Heilmittel 168–85

Herdreiniger 27

Hibiskus 99, 174, 184

Honig 126, 165, 178, 183
Blaubeer-Honig-Maske 132–133
Haarmaske mit 150
Kokospeeling mit Honig und
Minze 142
Mango-Sorbet mit Limette
und 91
medizinischer 180–181
Rosengesichtswasser mit 128
Spritz mit Salbei und 112

Hustensirup 180–181

I/J

Infusionen 62–63, 66–67

Ingwer 141, 174, 178
Ginger Beer 101
Sauerkraut mit Möhre und
Ingwer 73

Insektenhotels 119

Insektenstichsalbe 183

Jojobaöl 152, 154, 164

K

Kaffeemehl 114–115
Gerüche beseitigen 115
Schokoladen-Kaffee-
Peeling 165

Kakaobutter 134, 165, 167

Kakaopulver 154–156

Kerzen 16–17, 115

Kimchi 73

Kirschen, süßsauer eingelegte 79

Knoblauch 174, 178
Knoblauch-Zitronen-
Tonikum 179

Knochenbrühe 52–53

Körperbutter 134, 167

Körperpeelings 142–144

Körperpflege 134, 142–144,
155, 165

Kohl 70–71, 73

Kokosfett 126
und Gesundheit und Schönheit
141–142, 144–145, 148, 150,
152, 155, 158, 165
und Heilmittel 182–183
und Pflegeprodukte für den
Mann 164, 165, 167

Kokosnuss
Kokos-Orangen-Shampoo
148–149

Kokospeeling mit Honig und
Minze 142

Kokos-Rasiercreme 164

Kombucha 96–97

Kompost 115

Konfitüre 84

Kränze 120–121

Kräuter
-essig 62
-führer 174–175
getrocknete 34, 168
mit Öl tiefgefrieren 34, 36
-öle 62
und Haushaltsprodukte 22, 26
siehe auch einzelne Kräuter

Kurkuma 92, 175, 178

L

Lavendel 14, 26, 104, 111
Heilmittel 182, 183
Heiße Schokolade mit Salbei
und 104
im Haushalt 24, 31, 136
und Gesundheit und Schönheit
130, 136, 141, 144, 148,
151–152, 162, 164

Lebensmittelfarben, natürliche
92–93

Lemon Curd 85, 86

Lichtschutzfaktor 155

Limette 84
Lufterfrischer mit Zitronengras, Ingwer und 14
Mango-Sorbet mit Honig
und 91

Limoncino 102
Limoncino-Spritz 113

Lippenbalsam 158

Lufterfrischer 14
mit Rosmarin, Salbei und
Lavendel 14
mit Zitronengras, Limette und
Ingwer 14

M

Macadamia-Öl 167
Körperbutter mit Vanille
und 134

Magnesiumsalz 182

Make-up 146, 154–159

Mango-Sorbet mit Limette und
Honig 91

Masken
Gesichts- 130, 132–133
Haar- 150

Massageöl 140–141, 182

Menstruationsbeschwerden 184

Minze 26, 108, 111

Cocktail mit Wodka, Zitrone
und 113
Kokospeeling mit Honig
und 142
siehe auch Pfefferminzöl
Möbelpolitur 20
Mottensäckchen 26
Mundpflege 145
Mundwasser 145

N

Nachhaltigkeit 6, 7
Natron
in Haushaltsprodukten 21, 24,
27, 31
in Kosmetika 136, 138,
144–145
Nussmilch, 28
Nussöle, 126

O

Öle 126
aromatisierte 64
Bartöl 164
Kräuteröl 62–63
Massageöl 140–141, 182
siehe auch einzelne Öle
Olivenöl 20, 150–151, 164, 183
Orangenöl
Kokos-Orangen-Shampoo 148
und Gesundheit und Schönheit
130, 142, 148
und Haushaltsprodukte 20,
24, 31
und Heilmittel 182

P

Pasta, selbst gemachte 48–51
Peelings
Fuß- 144
Gesichts- 115, 130, 165
Körper- 115, 142–143, 165

Pesto mit Möhrenkraut 46
Pfefferminzöl 141, 144–145,
167, 182
Lavendel-Pfefferminz-
Badesalz 136
Pflaume
Birnen-Pflaumen-Chutney mit
eingelegter Zitrone 75
Pflaumenkonfitüre 84
Pflegeprodukte für den Mann
160–167
Pickles 78–81
Probiotika 71, 96–97
Produkte aus heimischer Erzeu-
gung 6

R

Rasiercreme 164
Raumsprays 14
Reinigungsmittel 6–7, 12–31
Ringelblume 174, 184
Rose
Heiße Schokolade mit
Kardamom und Rosen-
blättern 104
Rosengesichtswasser mit
Honig 128
Rosenöl
Lippenbalsam 158
Rosmarin 26, 111, 142
Lufterfrischer mit Salbei,
Lavendel und 14
Rosmarin-Zitronen-
Badesalz 136
Rosmarinöl 152, 162, 182
Rote Bete 92
Chutney 74
Rouge 156–157

S

Saisonale Produkte 6
Salatbeet, Mini- 108–09

Salatdressings 208
Salbe, schmerzlindernde 167
Salbei 111, 148
Heiße Schokolade mit Laven-
del und 104
Lufterfrischer mit Rosmarin,
Lavendel und 14
Spritz mit Honig und 112
siehe auch Weißes Salbeiöl
Salz(e) 126
Fußpeeling 144
nicht jodierte 31
-haarspray 152
-peeling mit Rosmarin 142
Sandelholzöl 164, 167
Sauerkraut 70–71
mit Möhre und Ingwer 73
Scheuerpulver 31
Schmerzen 167, 182, 184–185
Schokolade
heiße, mit Kardamom und
Rosenblättern 104
heiße, mit Salbei und Lavendel
104
Schokoladen-Kaffee-Peeling
165
Schweinefleischpastete 56–57
SCOBY 96–97
Seife
Castile- 28, 144, 148, 164
für Waschpulver 24
selbst gemachte 22–23
Serum, Anti-Aging 126
Shampoo 148–49
Sheabutter 134, 154, 158,
164, 167
Shrub (Getränk) 98
Silikone 146
Sirup, Beeren- 98
Smash mit Basilikum und
Zitronenthymian 112

Sorbet 90–91
  Erdbeer- 91
Spritz 112, 113

T

Tapenade 44
Tee
  entzündungshem-
    mender 184–185
  Kombucha 96
Teebaumöl 145, 148, 152
Teppichreiniger 26
Tinkturen 168, 170
Toilettenreiniger 31
Tomaten
  Apfel-Birnen-Tomaten-
    Chutney 76
  -sauce, süßlich-pikante 49

V

Vanille
  Körperbutter mit Macadamiaöl
    und 134
  -eis 88–89

W

Wäscheweich 24
Waschpulver 24
Weißes Salbeiöl 162, 175
Wellness-Badesalze 182
Wimperntusche 158
Wodka 102, 170
  Cocktail mit Zitronenmelisse,
    Minze und 113

Z

Zahnpasta 145
Zimt 26, 245
  Bananen-Zimt-Peeling 142
Zitrone
  eingelegte 75, 82–83
  Haarmaske mit 150

in Heilmitteln 178–79
in der Küche 75, 82–83,
  85–86, 102, 112
  Knoblauch-Zitronen-
    Tonikum 179
  Kräuterlimonade mit
    Blüten 102
  und Gesundheit und Schönheit
    150, 151
Zitronengras 14, 175
  Lufterfrischer mit Limette,
    Ingwer und 14
Zitronenmelisse 111, 175, 184
  Cocktail mit Wodka, Minze
    und 113
  im Haushalt 24, 31
  -zucker 113
Zitronenöl
  im Haushalt 24, 31
  Rosmarin-Zitronen-Badesalz
    136
  und Gesundheit und Schönheit
    130, 136, 142, 182
Zitronenthymian 111
  Smash mit Basilikum und
    Zitronenthymian 112
Zitronenverbene 175, 184
Zitrus-Allzweckreiniger 28
Zucchini, eingelegte 78
Zucker 126, 130, 132, 142, 165
  Zitronenmelissezucker 113
  -Gesichtspeeling 130
Zwiebeln, pikant eingelegte
80–81

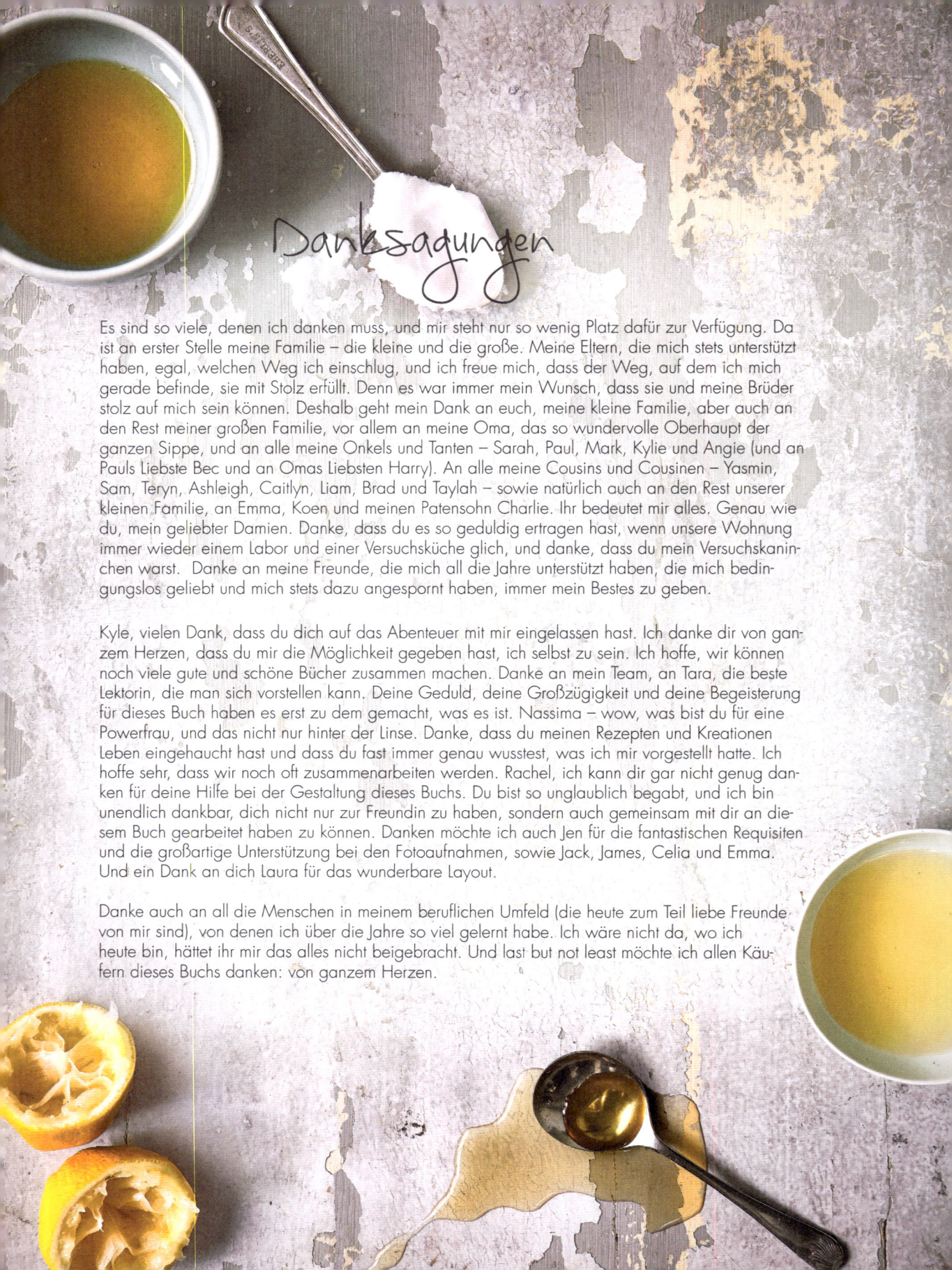

Danksagungen

Es sind so viele, denen ich danken muss, und mir steht nur so wenig Platz dafür zur Verfügung. Da ist an erster Stelle meine Familie – die kleine und die große. Meine Eltern, die mich stets unterstützt haben, egal, welchen Weg ich einschlug, und ich freue mich, dass der Weg, auf dem ich mich gerade befinde, sie mit Stolz erfüllt. Denn es war immer mein Wunsch, dass sie und meine Brüder stolz auf mich sein können. Deshalb geht mein Dank an euch, meine kleine Familie, aber auch an den Rest meiner großen Familie, vor allem an meine Oma, das so wundervolle Oberhaupt der ganzen Sippe, und an alle meine Onkels und Tanten – Sarah, Paul, Mark, Kylie und Angie (und an Pauls Liebste Bec und an Omas Liebsten Harry). An alle meine Cousins und Cousinen – Yasmin, Sam, Teryn, Ashleigh, Caitlyn, Liam, Brad und Taylah – sowie natürlich auch an den Rest unserer kleinen Familie, an Emma, Koen und meinen Patensohn Charlie. Ihr bedeutet mir alles. Genau wie du, mein geliebter Damien. Danke, dass du es so geduldig ertragen hast, wenn unsere Wohnung immer wieder einem Labor und einer Versuchsküche glich, und danke, dass du mein Versuchskaninchen warst. Danke an meine Freunde, die mich all die Jahre unterstützt haben, die mich bedingungslos geliebt und mich stets dazu angespornt haben, immer mein Bestes zu geben.

Kyle, vielen Dank, dass du dich auf das Abenteuer mit mir eingelassen hast. Ich danke dir von ganzem Herzen, dass du mir die Möglichkeit gegeben hast, ich selbst zu sein. Ich hoffe, wir können noch viele gute und schöne Bücher zusammen machen. Danke an mein Team, an Tara, die beste Lektorin, die man sich vorstellen kann. Deine Geduld, deine Großzügigkeit und deine Begeisterung für dieses Buch haben es erst zu dem gemacht, was es ist. Nassima – wow, was bist du für eine Powerfrau, und das nicht nur hinter der Linse. Danke, dass du meinen Rezepten und Kreationen Leben eingehaucht hast und dass du fast immer genau wusstest, was ich mir vorgestellt hatte. Ich hoffe sehr, dass wir noch oft zusammenarbeiten werden. Rachel, ich kann dir gar nicht genug danken für deine Hilfe bei der Gestaltung dieses Buchs. Du bist so unglaublich begabt, und ich bin unendlich dankbar, dich nicht nur zur Freundin zu haben, sondern auch gemeinsam mit dir an diesem Buch gearbeitet haben zu können. Danken möchte ich auch Jen für die fantastischen Requisiten und die großartige Unterstützung bei den Fotoaufnahmen, sowie Jack, James, Celia und Emma. Und ein Dank an dich Laura für das wunderbare Layout.

Danke auch an all die Menschen in meinem beruflichen Umfeld (die heute zum Teil liebe Freunde von mir sind), von denen ich über die Jahre so viel gelernt habe. Ich wäre nicht da, wo ich heute bin, hättet ihr mir das alles nicht beigebracht. Und last but not least möchte ich allen Käufern dieses Buchs danken: von ganzem Herzen.